Menschheit zwischen »Zwei Welten«.

Menschheit zwischen »Zwei Welten«.

Eine chronologische Zusammenstellung
aus der Menschheitsgeschichte,
auf der Grundlage
wahrer, christlicher
Glaubenserkenntnissen
über »Gut und Böse«.

Verfasst von Alfred Heim, Stein ; 2014.

*Für die Ergänzungen zu den Themen
»Irdischer Abschied, Jenseits und Wiedergeburt«
sei meinem Freund Erwin Lehr, Neu-Isenburg
recht herzlich gedankt.*

FSC
www.fsc.org
MIX
Papier aus verantwortungsvollen Quellen
Paper from responsible sources
FSC® C105338

Bibliografische Information der Deutschen Nationalbibliothek:
Die Deutsche Nationalbibliothek verzeichnet diese Publikation in der Deutschen Nationalbibliografie; detaillierte bibliografische Daten sind im Internet über http://dnb.dnb.de abrufbar.

Satz, Umschlaggestaltung, Herstellung und Verlag:
BoD – Books on Demand

ISBN: 978-3-7357-0622-5

Inhaltsverzeichnis

Vorwort:

Lieber Leser, dieses Buch ist keine Unterhaltungslektüre. Roman- und Krimi-Bücher gibt es schon genug.

Das Thema dieses Buches kann das Bewusstsein näher bringen, dass wir Menschen ständig zwischen Einflüssen und Wirkungen von Gut und Böse stehen.
Es bietet sich auch ein eingehenderes Hinterfragen über den Sinn unseres Menschseins.

Woher kommen wir und Wohin gehen wir? –
Den Ursachen und Zusammenhängen unseres Menschseins nach zu gehen, kann uns wertvolle Hinweise und Wege aufzeigen, in welcher Art und Weise wir ein optimal positives Leben führen können.

Zum Begriff »**optimal-positives Leben**« haben aber verschiedene Menschen auch ganz unterschiedliche Meinungen oder Glaubensinhalte.

Unser menschliches Leben nimmt mit der Geburt einen Anfang, und findet mit dem Sterben einen Abschluss. Dabei spielt es eine wesentliche Rolle, ob wir innerhalb dieser Daseinszeit einen tieferen Sinn unseres Lebens sehen; denn dann wird dieser Lebenssinn ein anzustrebendes Ziel beinhalten.

Ein solches so folgendes Ziel heisst aber, dass unser rein persönliches, seelisches Sein beim Sterben, also nach dem Verlassen des menschlichen Körpers, weiter lebt, und ihm durch sein im vergangenen menschlichen Leben erreichten Zieles bewusst wird.
Diejenigen Mitmenschen, welche sagen, dass ihr persönliches Leben mit dem irdischen Tod ebenfalls ausgelöscht sei, und dass es kein Weiterleben nach dem Tode geben würde, sehen auch nachtodlich für sie kein persönlich verwertbares Ziel.
Damit sind sie meist versucht, folgerichtig auch einem eigens erdachten Lebenswert zu folgen.

Und diejenigen Menschen, die nicht an einen allmächtigen, weisen, persönlichen Gott glauben, wissen auch nichts über Ursache und Sinn ihres Lebens. Und darum kann ein solches Buch diese Menschen allgemein weniger ansprechen.

So haben sie Interessen für ein Leben möglichst ohne grosse Sorgen, ohne grosse Verpflichtungen für Andere.

Ihr Streben sucht ein materiell bereicherndes Einkommen, bzw. Gewinn; einer zu ihren Gunsten führenden Legalität für unmoralisches oder gar skrupelloses Verhalten gegenüber ihrer Umwelt, und einem möglichst lusterfüllten Lebenswandel, gepaart mit allerlei weltlichen, zeitfüllenden Unterhaltungen.

Da es für sie keine nachtodlichen Konsequenzen haben soll, fühlen sie sich bei einer moralisch unehrenhaften Lebensweise auch niemanden gegenüber
Rechenschaft schuldig.
Staatliche Gesetzgebungen achten sie, soweit möglich, nach dem Motto: »Lass dich nicht erwischen!«
Sie können sich für dieses Buch wahrscheinlich weniger interessieren.
Vorausgesetzt, sie würden es trotzdem lesen, könnten sie Gefahr laufen, betreffend Themen über Gut und Böse, über den wahren **Lebenssinn nachzudenken.**

Die folgenden Geschichts-Auflistungen zeigen, dass die Menschheit seit ihrem Bestehen stets in diesen gegensätzlichen Einflussbereichen steht.

So könnten wir diesem Buch auch den Titel geben
»Der Pegelstand der Moral in unserer Bevölkerung !«
Damit wünsche ich allen Lesern, die Möglichkeit, sich die angesprochenen Themen, so vorurteilslos wie irgend möglich, zu Gemüte zu führen! –

Positiv beurteilende Geschehnisse sind kursiv grün,
negative aber kursiv in Schwarz angeführt.

Quellenliteratur zu den Quellhinweisen siehe im Anhang.

A) Zeiten der Menschheit bis zur Zeit Moses.

1.) Erste Zeitepoche der Menschheit.

In dieser Zeitepoche galt für die Menschen
noch kein göttlich vorgegebenes Gesetz.

Dazumal kamen die Menschen alle
aus Satans zugehöriger Unterwelt.

Warum das so ist, warum dies eine göttlich
bestimmte Tatsache ist,
darüber müsste in Umfang-reicherer Lektüre
aufgeklärt werden.
Darauf wird, wenigstens kurz, im weiteren Teil
dieses Buches, auch noch eingegangen.
Auch kann dem Leser dazu folgende Literatur
empfohlen werden :

- Zeitschrift »Geistige Welt«,
  (Hefte 3/2014, 3/2012 u. 5/2012) 1)
- Das Buch: »Willst Du die Wahrheit,
  und nichts als die Wahrheit wissen«,
  (Bod-Verlag). 2)

Einerseits standen die Menschen stets unter dem Einfluss der satanischen Knechte, dies teils in inspirativer Weise, teils aber auch durch direkte regelmässige, spiritistische Kontakte zur Unterwelt
(Geisterbeschwörung / Orakelwesen).
Die sich dabei manifestierenden geistigen Wesen wurden von Menschen als Götter verehrt (Götzendienst).
Siehe hierzu Beispiele aus der Bibel:

3. Mose 19,4 / 2.Kön. 17,12 und 23,24
Ps. 96,5 und 106,36 - 38.

Diesen Götzen hatten die Menschen, gemäss dessen Verlangen, stets Blutopfer zu bringen, solche meist in Begleitung grausamster rituell- kultischer Handlungen. Mit diesen Blutopfern stand ihnen auch das sich dabei frei werdende, sich langsam verflüchtigende Od des Opfers kurzzeitig zur Verfügung.

Über die Gesetze des geistigen Odes (Od-lehre) dürfte separat orientiert werden.
Hinweise siehe in folgender Literatur:
Zeitschrift :
»Geistige Welt«, Hefte (2/2014 und 1/2012) 1)

Die Menschen konnten anfangs ungestraft schalten und walten wie es ihnen beliebte,
in böser oder guter Weise.
Es herrschte vorwiegend Faustrecht und Gewalt.

Als Erstlinge aus der Unterwelt ins Menschsein kamen, besassen sie ethisch noch eine sehr niedere positive Entwicklung.
Sie hatten auch nicht die Möglichkeit nach ihrem Ableben den höllischen Bereichen,
aus denen sie stammten, zu entfliehen.
Sie mussten wieder dorthin zurückkehren.

Aber zum Guten Willige konnten andererseits Kontakte zur göttlichen Welt erhalten.
Die Bibel berichtet ebenso über solche geistige Kontakte.
Siehe dazu :
1. Mose Kap. 6-7 und 12,7 / 2. Mose 6,3 (Jahwe)
3. Mose 16,1 / Ri. 6,2 / 2. Chr.1,7 / Jer. 31,3.

Wenn sich Menschen dabei ethisch-geistig etwas positiv entwickelten, konnten sie dann nach dem Ableben, bei der Rückkehr in die höllischen Bereiche, in eine etwas weniger leidvolle Stufe eingehen.

Diese Menschheitszeit beginnt mit den ersten Menschen Adam und Eva (GW 1991/119 / 1. Mose 2,15 & 18-20).
Auf Grund der Berechnungen der sumerischen Königsliste war dies 249'000 vor Christus.

Abel war ein gottesfürchtiger Sohn.
Kain ein gemäss teuflischem Einfluss gehandelter Sohn
(1. Mose 4).

2.) Bemerkenswertes bis zur Zeit Moses.

Dies ist nur eine sehr, sehr kleine Auslese von geschichtlichen Geschehnissen aus dieser Epoche.

Um 8'400 v.Chr. versucht der Gewaltherrscher Kusch sich über das Landwirtschaft betreibende Volk (neolithische Revolution) des neuen Menschen zu erheben (M 94 3 16).
Etwa 8'400 v.Chr. Turmbau zu Babel, Heidnische Volksentwicklung (M 93 6 12).
Ein Werk des reinen Herrendenkens und eigener Verherrlichung von heidnischen, grausam bedrückenden Sklavenhaltern (1. Mose 11, 4).

Um 8'000 v.Chr. Sintflut. *Die Menschheit entwickelte sich immer mehr gemäss satanischen Einflüssen.*
Gott setzt dem ein Ende und bewirkt über Noah und seiner Familie die Geburt von wieder gottesfürchtigen Menschen (GW 1991/ 79 & 119 / 1. Mose Kap.7-9) (M 93 4 12/15f.) .

Ab 5. Jt. *Elam wurde ein Zentrum dämonischen Kults und Sklavenwirtschaft (M 93 6 18).*

Bereits im 3.Jt. v.Chr. übt der ägyptische Hauptgott Amon (Baal) durch seine Werkzeuge, die Orakelpriester, die uneingeschränkte Alleinherrschaft in Theben aus (GW 1993 / 68).

Um 3800 v.Chr. Ethisch orientierte Volksführer erstellen Gesetze, welche das Ausüben von Götzendienst verbieten und bringen Menschen zu einer besseren Gesinnung (M 05 2 32).

Ab etwa 3200 bis etwa 2000 v.Chr. Im Vorderen Orient bahnen sich wegen grauenhaften Kulteinflüssen (Götzendienst) grosse Wirren und Kriege an (M 06 2 42 bis 43 und 48).

Um etwa 3000 v.Chr. Massengräber verstümmelter Menschen zeugen vom Gewaltherrscher Nimrod, ein Reich vom Indus bis nach Ägypten beherrschend (M 94 3 16).
Um 3000 v.Chr. Orakelkult der Babylonier (M 91 5 14).

Seit 3.Jt. verehren Ionier die Gottheit »Athene« (M 95 3 20).

3.Jt., »Re« wird in Ägypten als Gott beweihräuchert (M 93 6 18).

Ab Mitte 3.Jt. Im Elam wird neben drei andern Göttern vermehrt einem Gott »Chumban« gehuldigt (M 97 6 31).

Um 2300 v.Chr., in der Zeit der 5. Dynastie Ägyptens, beginnt der »Osiris«-Glaube Fuss zu fassen (M 97 3 14).

Etwa 2200 v.Chr. Lebenszeit von Abraham.
Abraham erlitt im Kampf mit dem Versucher eine Niederlage, welcher Abraham verführen wollte, seinen 7-jährigen Sohn Isaak als Schlachtopfer darzubringen (1. Mose 22,6-12) (GW 92 72 und 81).

Gott schritt ein und belehrte Abraham, dass dies eine satanische Versuchung war.

Vor 2100 v.Chr. Zwei Götter Ägyptens »Horakthy« und »Horus« als Falkengestalten werden verehrt (S 71).

2000 v.Chr. Sodom und Gomorrha.
Die Menschen in diesen beiden Städten haben sich in gottloses brutales Lebensverhalten entwickelt, so dass es Gott beschreiben musste:
»Das Geschrei über Sodom und Gomorrha, das ist gross, und ihre Sünde, die ist gar schwer !«
Durch den Ausbruch des Vulkans wurden die Städte und ihre Menschen, mit der Überschüttung von Feuer und Schwefel, ausgelöscht. ***(1 .Mose 19) (M 93 6 19).***

Gott aber rettete vorher den gerechten Lot und seine Familie aus der Stadt.

2.Jt. »Zeus« ist ein Gott der Griechen und Kreter (M 91 6 6/16).
Um 2000 bis 1700 v.Chr. Menschen als Schlachtopfer der Minoer auf Kreta (M 92 5 10/24).

1284 v.Chr. Geburt von Moses (GW 1993/82).

3.) Die Zeiten der Israeliten mit Moses.

1244 v.Chr. Befreiung der Israeliten, nach 430 Jahren Gefangenschaft, aus dem ägyptischen Sklavendienst (M 91 1 12 / 4 5), und (Google).
Mit der Befreiung der Israeliten, unter der Führung von Moses, begann eine neue menschliche Zeit.

Seit Beginn der Menschheit, also seit der Lebenszeit von Adam und Eva, sind um die 248'000 Jahre vergangen. *Diese Zeit war geprägt von starken satanischen, oft grausamsten Einflüssen.*

Die oben aufgeführten Geschehnisse sind nur eine kleine Auslese von solch vielen Götzen-Anbetungen, Grausamkeiten und gotteswidrigen Volksentwicklungen.

Über den Götzendienst, mit der Hörigkeit der Menschen an die Forderung der sich manifestierenden Geistern der Unterwelt, war dies für diese ersten Menschen und Völker eine meist grauenhafte Zeit.

Knechte Satans konnten nach Belieben Menschen besetzen, wobei sie den Geist des betreffenden Menschen zurückdrängten.
So besessene Menschen, das heisst die Besitz ergreifenden Geister, stellten allerlei böswilligen Unfug an und schädigten massiv andere Mitmenschen.

Die Welt gehörte absolut in Satans Macht- und Wirkungskreis;
denn die Menschen kamen alle aus seiner Unterwelt.

Satan hatte freie Hand, Mensch, Tier und Natur nach Belieben zu schädigen.

Über Führer und Machthaber von Völkern konnte die Unterwelt schlimmste Wirren, Kriege und lebensverachtendes, grösstes Leid verursachen.

Dabei gab es aber auch einzelne Volksgruppen und Menschen, welche sich ethisch positiv entwickelten.

Diese pflegten auch medial Kontakte zur göttlichen Welt, die oft auch sichtbar, führend und helfend, diesen Menschen in ihren geistigen Entwicklungen beistanden.

Siehe hierzu Beispiele der Völker um Noah, Abraham und nun von Moses.

Auf Grund dieser positiven Entwicklungen, innerhalb der Menschheit, konnte Gott nun für eine weitere Unterstützung, der ethischen Förderung, der Menschheit eine spezielle Gesetzgebung bringen.

4.) Erlösung und göttlicher Heilsplan

Nach diesen ersten Ausführungen können wir näher auf den Grund und die göttlichen Planungen dieser Entwicklungen eingehen.

Zuerst die Frage: Warum gibt es die Menschheit? ,
und
Warum einen göttlichen Heilsplan ?

Wir wissen um die Existenz einer göttlichen Engelswelt. Auch glauben wir an Gott, als ein für uns unermesslich weiser, gütiger, barmherziger, uns über alles liebender Allvater.
Damit ist für uns auch unangefochten, dass Gott selbst nie irgendwelche sündhaften Wesen geschaffen hat.

Aber alles was besteht ist durch Gottes Willen geschaffen worden. Darum die Frage: Warum sollte er neben seiner nur göttlich wirkenden Engelswelt noch eine sündhafte Menschheit geschaffen haben? Das kann so nicht sein!--

Der Kernpunkt dieser Frage ist: Gott hat allen diesen Wesen einen eigenen, freien Willen gegeben.
Und auf Grund dieses freien Willens ist vor unendlichen Zeiten, bei einem Teil der Engelswelt, eine folgenschwere, gegen Gottesgesetz feindliche Entwicklung entstanden, auf Grund derer Gott die Betroffenen aus dem Himmel in die Unterwelt (Hölle) verbannte.

Diese verhängnisvolle Entwicklung verlief folgendermassen. Christus, der eingeborene Sohn Gottes, und höchste Engel des Himmels, wurde von Gott **über die ganzen Geisterscharen als König gesalbt.**

Da war aber Luzifer, auch Lichtträger genannt, und wunderschön, der nach Christus kam, fand, dass es nicht recht sei, dass Christus allein als König zu regieren hätte, dass er doch gleichberechtigt wäre.

>> *Und so ist er ausgegangen und hat unter den Geistern für sich geworben und ihnen versprochen, dass er dann vieles anders gestalten würde. Und da er so schön war, und Lichtträger genannt, hatten viele auf ihn gehört und sich zu ihm bekannt, und so gegen den Willen Gottes gehandelt.*

Es würde hier zu weit führen, dazu alle Einzelheiten zu erklären. Zusammenfassend kann gesagt werden, Gott hatte seinem »eingeborenen Sohn« diese Macht gegeben und Gottes Wort sollte befolgt werden; Gottes heiliger Wille sollte geschehen.

Aber Luzifer stachelte die anderen Geister gegen Christus auf.

Alle Geister hatten den freien Willen im Denken und Handeln bekommen; sie waren aber nicht vollkommen in der Erkenntnis; haben aber die Möglichkeit sich individuell zu entwickeln.

Und entsprechend ihres Verschuldens wurden sie dafür bestraft. Luzifer hatte die grösste Strafe erhalten und auch jene, die so rege für ihn geworben hatten. Luzifer wurde aller Schönheiten beraubt, doch die Macht, welche ihm im göttlichen Reiche zugestanden wurde, wurde ihm gelassen, als Anführer aller, die mit ihm gegangen << (Siehe auch GW 29-30 / 1959).

Hierzu auch die biblische Schilderung
des Geisterfalles in die Hölle: **Jes. 14,11 - 16 :**

>> Ins Totenreich gestürzt ist deine Hoheit und das Rauschen deiner Harfen; auf Moder bist du gebettet, und Würmer sind deine Decke.

Wie bist du vom Himmel gefallen,
du strahlender Morgenstern!
Wie bist du zu Boden geschmettert,
du Besieger der Völker.

Du hattest bei dir gesprochen: zum Himmel empor will ich steigen, hoch über den Sternen Gottes aufrichten meinen Sitz, will thronen auf dem Götterberg im äussersten Norden!
Ich will über Wolkenhöhen emporsteigen, dem Höchsten (Christus dem von Gott zum König gesalbten Sohne) mich gleichstellen.

Doch ins Totenreich wirst du hinabgestürzt,
in der Grube tiefstem Grund. <<

Dazu Zitat aus der Schrift »Geistige Welt«
(GW 26 / 1967):

>> Nun, liebe Geschwister, ihr habt hier bei uns (Ort der medialen Vorträge) Gelegenheit, den tieferen Sinn der Heiligen Schrift zu erfassen.

Es wird euch die Ordnung und Gesetzmässigkeit Gottes erklärt.
Wir machen euch aufmerksam auf die Bedeutung der Heiligen Schrift.
Wer sie gewissenhaft und mit dieser Erkenntnis liest, vermag ihren tieferen Sinn zu ergründen <<.

Gott, Christus und die verbliebene Engelswelt trauerten um die Gefallenen, und Gott erstellte zusammen mit Christus einen Heilsplan, mit dem den reuigen, schuldbewussten Gefallenen die Möglichkeit geschaffen wurde, den Rückweg zu Gott finden zu können.

Unsere irdische Welt bietet dazu eine Schule, über der, angepasst, der Mensch in mehreren »Schulstufen«, das heisst aufeinander folgenden Menschenleben,
bis zur Rückgewinnung der einstigen göttlichen Reinheit, wieder zu seinem einstigen Herkunftsort in der Engelswelt zurückfinden kann.

Dazu Zitate aus der Schrift »Geistige Welt«
(GW52/1956) (GW50/1953) (GW 26/1956):

>> Meine lieben Freunde, es gibt Menschen die sagen:
»Ich brauche den »Umweg« über Christus nicht, ich bete direkt zu Gott!«
Das soll heissen, sie anerkennen Christus nicht als Sohn Gottes, der gekommen ist zu erlösen und allen den Weg zu bereiten ins Vaterhaus.
Als Johannes am Jordan taufte, kam auch Jesus zu ihm und liess sich von ihm taufen.
Da öffnete sich der Himmel und die Worte ertönten:

»Dies ist mein viel geliebter Sohn, an dem ich mein Wohlgefallen habe.«

Kein Prophet hat je solche Worte vernommen.
So konnte Christus sagen:
»Wenn ihr den Vater in meinem Namen bittet, wird er euch geben.«
Christus erkannte doch die grosse Liebe des Vaters, in der sie beide eins waren.
Und aus dieser gemeinsamen Liebe heraus kam Christus unter die Menschen nach dem Willen seines Vaters, um diese grosse Aufgabe zu erfüllen, ihnen den Weg ins Vaterhaus zu öffnen.
Wie kann denn ein Mensch dies übergehen, was Gott für ihn befohlen hat und Christus nicht schätzen, nicht verehren, nicht lieben?

Sagte doch Christus selbst: »Wer mich liebt, liebt auch den, der mich gesandt hat.« <<

>> Daraus könnt ihr erkennen, je nach seiner Verbindung zur göttlichen Welt, wird ihm Gnade gegeben.
Christus selbst leistet so viel Fürbitte bei seinem Vater für die Menschheit, Christus selbst zieht durch alle Welt; um die Wesen aufzumuntern, wirksam mitzuhelfen im Heilsplane Gottes.
Denn all den vielen Wesen ist diese eine Aufgabe gestellt, den Heilsplan Gottes in Erfüllung zu bringen.
Dafür sorgt Christus, unser grosser Meister.
Doch oft ist er betrübt über dieses und jenes Volk; aber so gerne kehrt er bei jenen ein, die mit der Gotteswelt verbunden sind, die den Weg der Wahrheit gehen, die das ewige Leben begreifen, welche Christus als den grossen Meister und König anerkennen.
Bei ihnen verweilt er oft, so wie er gesagt hat:

»Wer in meinem Namen bittet ...«
und »ich werde unter ihnen sein ...«.

Damit liebe Freunde, sind aber nur gemeint, die seinen Lehren nachleben. Er und die ihn begleitenden Geistwesen verweilen so gerne bei Menschen, die um Erkenntnis ringen und flehen.
Denn wisst, Christus ist nicht nur König der göttlichen Welt, er ist auch König über alle Menschen.

Die irdische Welt aber ist wieder ein anderes Königreich. Ihm nähert sich der Fürst der Finsternis;

denn in dieser Welt ist ihm vieles erlaubt,
er darf schalten und walten bis zu bestimmten Grenzen.

Auch er erscheint hie und da in eigener Person,
wo er es für notwendig erachtet; und auch er hat
ungezählte Helfer, die jenes Reich der Tiefe verkünden,
in dem sie leben. Es ist das Reich des Hasses,
der Unzufriedenheit, der Streitsucht, der Eifersucht
und wie alle diese Untugenden heissen.

Das alles kommt aus dem Reiche der Toten; denn der Fürst der Finsternis macht immer das Gegenteil von dem, was Christus anordnet; und seine Helfer haben es so leicht, unter den Menschen Werkzeuge zu finden, darin sie sich ausleben können.

Was Christus fördert, versucht der Fürst der Finsternis zu verhindern. er will sein Reich behalten.
Er und seine Helfer werben für sein teuflisches Reich,
für das Reich der Toten.

Oh, jene die ihn vertreten, sie finden wohl ihre Menschen, die die Wahrheit über den Heilsplan Gottes verdrehen, die die Persönlichkeit Gottes und Christi so darstellen, dass die Menschen darüber verwirrt werden.

Und es ist ein Werk jener aus dem Totenreiche,
die unter der Menschheit die Lehre verbreiten, dass Gott und Christus in einer Person zu verstehen seien, oder dass es keinen Gott und keine guten Geister Gottes geben würde.

Oh, so schnell geraten die Menschen
ins Fanggarn des Teufels!

Es ist viel leichter, seine Wut auszulassen, wie es einem passt, als sich zu beherrschen. Die Gier und Habsucht, der Zorn und die Untreue sind Einflüsse der finstern Mächte aus dem Reiche der Toten, die für ihr Reich werben.
Und sie finden nur zu oft gute Aufnahme unter den Menschen; denn diese suchen ja so wenig nach dem Weg der Wahrheit, nach dem Lichte, dem ewigen Leben.<<

>> Gott aber prüft die Menschen, ob sie ihm treu sind und der Glaube in ihnen wirklich so gross ist
(wohl um eine Wiederholung des Abfalls zu verhüten).
Denn die Seelen rufen nach geistiger Glückseligkeit.

Und so soll der Einzelne eindeutig seine Stellungnahme zu Gott beweisen,

ohne dass er weiss, was er einst war und was ihm gehörte. Er soll den Beweis des Glaubens und der Gottestreue ohne dieses Wissen erbringen. <<

B) In den Zeiten von Moses bis Christus.

5.) Das israelitische Volk die »Zehn Gebote Gottes«

Nachdem sich wenige Völker ethisch etwas positiv entwickelt hatten, und fähig waren für einen weiteren Entwicklungsschritt, wählten Gott und Christus dafür das Volk der Israeliten, das in der 430 Jahre gedauerten ägyptischen Knechtschaft, und der Betreuung des von Gott vorbestimmten geistigen Führers Moses, eine gute geistige Entwicklung gemacht hatte
(2. Mose 12,31 - 34) (GW 1993/116).

Die Führung desselben durch Mose war mit langer, göttlicher Hand dazu vorbereitet. Als Mose mit dem israelitischen Volk aus der ägyptischen Gefangenschaft entlassen wurde, wanderten sie unter Moses Führung durch die Wüste Richtung Kanaan.
Zu dieser Zeit führten die satanischen Geistwesen aus der Unterwelt auf der Erde noch unbeschränktes Wirkungsrecht. Die meisten Völker huldigten noch den sich manifestierenden, selbst als Götter bezeichnenden Knechte Satans (Götzendienst).
Diese meisten Völker standen geistig noch in einer geistig sehr niederen Entwicklung.
Es ist jedoch Gottes und Christus Plan, dass sich die Menschheit mit der Zeit ethisch positiv entwickelt, damit sie dereinst seelisch so weit kommen, um ihre vor dem Geisterfall innegehabte göttliche Reinheit wieder zu erreichen, und auf ihren himmlischen Ort vor dem Fall wieder zurück kommen zu dürfen.

Zum Ziel der weiteren geistigen Entwicklung erhielt
Moses für sein Volk die »**Zehn Gebote**«.

Es war das so von Gott auserwählte Volk, das, für ein Leben nach vorgegebenen Göttlichen Gesetzen, in der damaligen Welt für eine Vorbilds- und Vorreiterrolle fähig war (2. Mose Kap.19).
Dazu erhielt, wie bekannt, Moses auf dem Berg Sinai von Gott die »**10 Gebote Gottes**«, wie folgt:

1 Du sollst keine anderen Götter neben mir haben;
2 Du sollst meinen Namen nicht missbrauchen;
3 Du sollst den Feiertag heiligen;
4 Du sollst Vater und Mutter ehren;
5 Du sollst nicht töten;
6 Du sollst nicht ehebrechen;
7 Du sollst nicht stehlen;
8 Du sollst nicht falsches Zeugnis geben;
9 Du sollst nicht deines Nächsten Weib begehren;
10 Du sollst nicht deines Nächsten Hab und Gut begehren.

(2. Mose Kap.20)
(GW 1994/10, 1995/46 und 1996/12)

6.) Geschehnisse dieser neuen Zeitepoche.

Die bisherigen Handlungsmöglichkeiten der Knechte Satans, aus der Unterwelt blieben zwar noch dieselben. Sie konnten immer noch, Orakelstätten unterhalten, sich als Götter verehren lassen, und die betreffenden Menschen oder Völker beherrschen; sowie wie bisher Menschen, Tiere und Natur nach Belieben schädigen; von Menschen Besitz ergreifen, das heisst, sie durch sie besessen zu machen, ihren menschlichen Körper so zu missbrauchen und zu schänden.

Gegenüber den Zeiten von vorher bestand nun aber einerseits der Unterschied, dass Menschen, welche sich bemühten, nach diesen Gottesgeboten zu leben, wohl einen etwas grösseren göttlichen Schutz erhielten. Andererseits sandte Gott ihnen in den folgenden, voraussichtlich 1200 Jahren abwechselnd seine Propheten, speziell mit den Aufgaben, den Gottesglauben des israelitischen Volkes zu festigen, ihnen mit Belehrungen zu helfen, nach den göttlichen Gesetzen zu leben, und sie mit der Botschaft über das Kommen eines erlösenden Messias zu trösten und Mut zu machen.

Bei den Menschen und in der Unterwelt wurde es damit einmal bekannt, dass Gott, einen Messias senden würde, zur Erlösung aus dem satanischen Inferno.
Wer das wäre, war anfangs noch nicht bestimmt; und später, als Christus, mit dem Einverständnis seines Vaters, diese Aufgabe selbst zu übernehmen sich bereit erklärte, auch noch nicht geoffenbart.

Gott, Jahwe wünschte von ihnen,
sie möchten als Sinnbild des göttlichen,
hierarchischen Lebensbaumes einen
»Siebenarmigen Leuchter« aus lauter Gold anfertigen.

Jahwe erläutert ihnen die Gestalt und die Einzelheiten
eines solchen Leuchters.
Dieser stellt die hierarchische Gliederung der
himmlischen Welt dar.
Darin bedeutet symbolisch,
dessen tragender Sockel Gott,
die mittlere, starke darauf stehende Säule Christus,
die Leuchter-Arm-Paare neben Christus,
die geschaffenen Erzengelpaare
Luzifer mit Raphael,
Gabriel mit Ohola
und Michael mit Oholiba.

Er soll sie stets an den
göttlichen Lebensbaum erinnern.

Dessen Bild, gemäss den folgenden zwei Seiten,
welches ein wichtiger Teil des »Göttlichen Heilsplanes« darstellt,
ist beim Autor im A1-Format (ça. 590 x 840 mm) erhältlich.

Die „Sieben S
die „Siebe

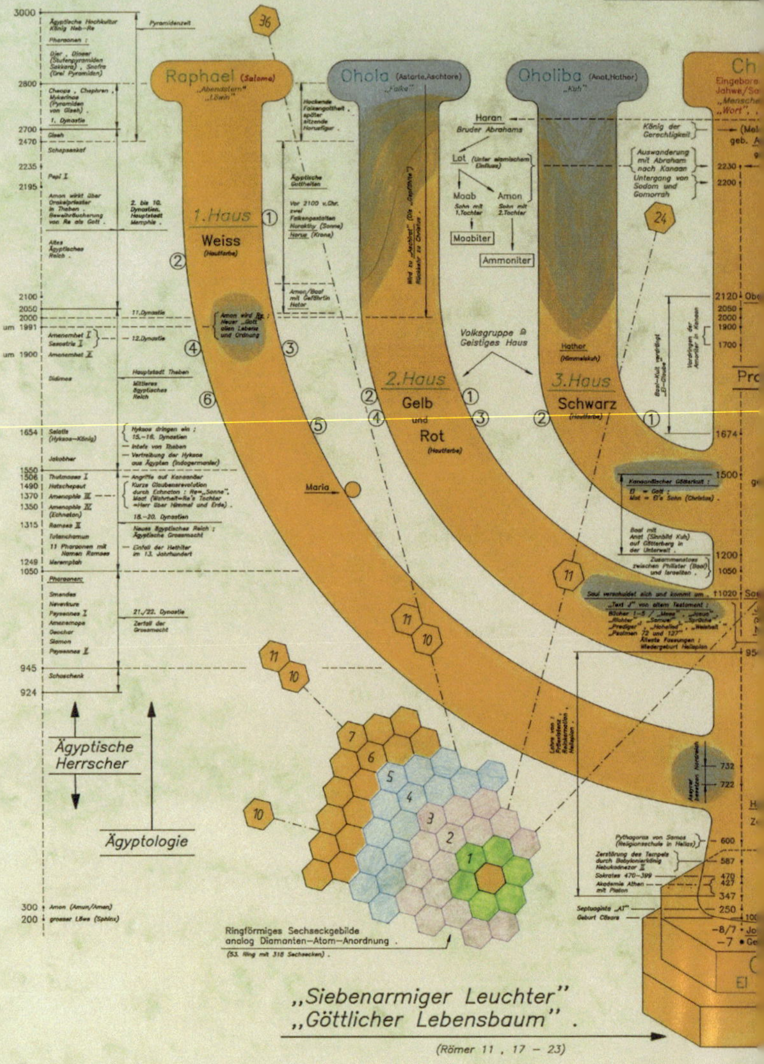

„Siebenarmiger Leuchter"
„Göttlicher Lebensbaum" .

(Römer 11 , 17 – 23)

„Salomo" – „Die Königsquelle"

(Gemäss Buch von Robert Sträuli)

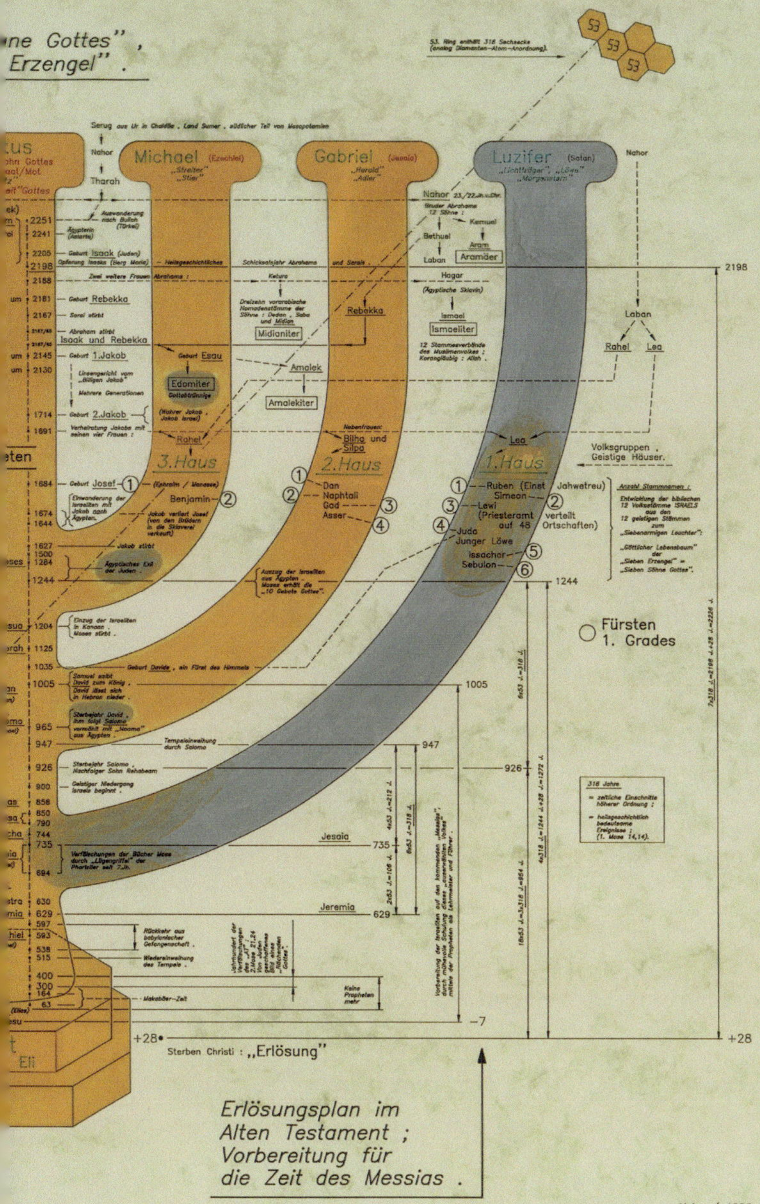

…ne Gottes" ,
… Erzengel" .
Michael (Ezechiel)
„Streiter" „Stier"
Gabriel (Jesaia)
„Herold" „Adler"
Luzifer (Satan)
„Löwe"
Nahor
Tharah
Geburt Isaak (Juden)
Geburt Rebekka
Isaak und Rebekka
Geburt 1.Jakob
Geburt Esau
Edomiter
Amalek
Amalekiter
Midianiter
Rebekka
Kemuel
Bethuel
Aram
Laban
Aramäer
Hagar
Ismael
Ismaeliter
Laban
Rahel
Lea
Geburt 2.Jakob
Rahel
Bilha und Silpa
Lea
3.Haus
2.Haus
1.Haus
Volksgruppen , Geistige Häuser.
Geburt Josef
Benjamin
Dan
Naphtali
Gad
Asser
Ruben (Einst Jahwetreu)
Simeon
Lewi (Priesteramt auf 48 verteilt Ortschaften)
Juda Junger Löwe
Issachar
Sebulon
Fürsten 1. Grades
318 Jahre
Jesaia
Jeremia
2198
1244
1005
947
926
735
629
-7
+28
Sterben Christi : „Erlösung"
Erlösungsplan im Alten Testament ; Vorbereitung für die Zeit des Messias .

Heim / 1996

7.) Unterweisungen zum Heilsplan

Näheres, detaillierteres, können sie noch nachlesen in der Bibel 2. Mose 25 Verse 31 bis 40, sowie in der Schrift »Geistige Welt« 1993/128 und 130.

Im Weiteren stellt das Bild die einführende Zeitepoche der damals vorgesehenen Entwicklung des göttlichen Erlösungsplanes dar, dies mit dem israelitischen Volk.

>> Moses erhält von Jahwe erste Unterweisungen zum Heilsplan und in dem darin vorgesehenen Heilsweg, den sie alle beschreiten sollten.
Dadurch wurde ihnen auch Einsicht zuteil in die Notwendigkeit der »Wiederherstellung«, der »Allversöhnung« (griechisch Apokastasis).
So wurden sie belehrt, dass es im Sinne einer Überwindung des Totenreiches Luzifers, durch mehrfache Erdenleben eine Wiederherstellung aller Wesen und Dinge geben wird, wie sie vor dem Abfall gewesen waren.
Dies gemäss Belehrungen von Origenes <<
Siehe hierzu GW 1993/130.

Die Israeliten waren zwar noch nicht ganz frei von der Neigung, dem Wunsch, sich eine Götzengestalt zu halten und zu verehren. In der Zeit, als Mose, für den Erhalt göttlicher Hinweise, einige Wochen auf dem Berg Sinai verblieb, bauten sie sich, von der Unterwelt inspiriert, ein goldenes Kalb als ihr Götze.

Erzürnt zerstörte Mose diese Götzengestalt und stellte
alle vor die Entscheidung:
wer zum Herrn hält, soll zu ihm kommen,
sein Schwert um die Hüfte gürten,
und gegen diejenigen vorgehen,
welche weiter Götzendienst halten wollten
(2. Mose Kap.32).

8.) Geschehnisse in der Zeit der Propheten

Um 1035- 998 v.Chr. David, erster wahrer König Israels, gelingt es das Joch der Philister abzuschütteln und die Tafeln der 10 Gebote samt Bundeslade nach Jerusalem zurück zu holen (M 01 3 11 und 17).

993 v.Chr. Geburt von Salomo, Sohn des israelitischen Königs David (2.Sam 12, 24 - 25) (M 01 3 14).

965 v.Chr. David starb:
Salomo wurde neuer König Israels. (M 01 3 15).
Salomo, als ein Prophet Gottes (Jahwist),
schreibt den Urbestand der fünf Bücher Mose,
der Bücher Josua, Richter und Samuel,
sowie eines Teils des ersten Buches der Könige,
auch einige Psalmen und
den Grossteil der sogenannt Poetischen Bücher:
Sprüche, Prediger und Hohes Lied,
sowie des Buches der Weisheit (M 01 3 15) (M 98 3 29).

*Kurz nach dem 10. Jh. v.Chr.
Eigenmächtige Priester beginnen das Geschichtswerk des »Jahwisten« Salomo zu verderben (M 94 4 8).*

***Ab 8. Jh. v.Chr. Lebenszeit von Jesaia; er nennt die führenden Priester von Jerusalem »Aufrührer«, »Gesellen der Diebe« (Jes. 1,23) (M 94 4 8).
935 v. Chr. Jesaias Berufung zum Propheten des Herrn (S 228/386).***

***Um 744-696 v. Chr.
Lebenszeit von Prophet Micha (S 13/386).
7. Jh. v. Chr. Lebenszeit von Jeremia, er erwähnt den »Lügengriffel« der Schriftgelehrten (M 94 4 8).
7./6. Jh. v. Chr. Jeremia berichtet in deutlichen Worten über den gesetzeswidrigen, gotteslästernden Priesteramts-Missbrauch und Verfälschung von biblischen Texten (M 06 1 10) (Jer. 8,8).***

*Seit etwa 7. Jh. v. Chr. Die Schriftgelehrten am Tempel zu Jerusalem verfälschen die fünf Bücher Mose (P 79).
Nach 694 v. Chr. Der Prophet Jesaia wird durch Judas König und die Priester des Jerusalemer Tempels zersägt (M 97 5 15) (S 386).
Seit 6. Jh. v. Chr. Priester des Tempels von Jerusalem schaffen das Bild eines rächenden, zürnenden Gottes, vergiften den Wortlaut der Heiligen Schrift (S 26).*

597- 538 v.Chr. Babylonische Gefangenschaft der Juden bis zur Freilassung durch König Kyros (GW 1991/79).
Mit dieser Freilassung befahl ihnen Kyros, in Jerusalem einen Tempel zu bauen, wo man Schlacht- und Feueropfer erbringt (GW 1993/84).

593 v. Chr. Berufung des Propheten Ezechiel (Michael) im babylonischen Exil (S 228/355/387).

Um 530 v. Chr.
Opferpriester Esra verfälscht Überlieferungen des »Jahwisten« aus dem 10. Jh. v. Chr., als Grundlage eines Schlacht- und Brandopfertempels« (M 93 6 5f.).
5. Jahrhundert v.Chr.
Der grösste Fälscher der alttestamentlichen Schriften war der Hohepriester Esra (M 94 4 8).
Im Auftrage des persischen Grosskönigs Darius I. setzt sich bei den Israeliten das Gesetz des babylonischen Himmelsgottes durch (M 94 4 8).

Bis ins 1. Jh. v. Chr. Der Glaube vieler Juden an die Präexistenz ist noch vorhanden (S 37).
Spätestens im 1. Jh. v. Chr. Die Essener-Juden sagen sich vom Tempel in Jerusalem los; bewahren den festen Glauben an die Wirklichkeit von Engeln und Geistern, an die Präexistenz, ein Weiterleben nach dem Tode und das Kommen des Messias (P44/50).
8/7 v. Chr. Geburt des Johannes des Täufers (wiedergeborener Elia) (P 311).
7 v. Chr. Jesu Geburt in Bethlehem (M 91 4 24).

7 bis 3 v. Chr. Flucht der Heiligen Familie (S 388).

7 n. Chr. Jesus tritt als Zwölfjähriger im Tempel zu Jerusalem auf (P 50f./312) (S 388).

25-28 n. Chr. Jesu öffentliches Wirken (S 388).

Wie die Geschichte der Heilig*en* Familie ab dem 7. Jahr vor Chr. verlief, kann z. Teil in den neutestamentlichen Evangelien »Matthäus«, »Markus«, »Lukas« und »Johannes« nachgelesen werden. So auch die Belehrung der Schriftgelehrten im Tempel durch Jesus, über die richtige Auslegung der Heiligen Schriften.
Speziell berichten diese Evangelien über das öffentliche Wirken des erwachsenen Jesu, nun Christus genannt.

9.) Weiterer Schritt im Heilsplan

Hier kommen wir zurück auf den, in der Geschichte von Moses und dem von Gott auserwählten israelitischen Volk, bereits offenbarten göttlichen Heilsplan.

Wie schon gezeigt, ist in diesem Heilsplan vorgesehen, die geistig positive Entwicklung der Menschheit vermehrt weiter zu fördern, bis sie sich ihre vor dem Fall innegehabte göttliche Reinheit wieder erarbeitet hat.

Die, unter der über Moses erhaltenen göttlichen Gesetzgebung, beim israelitischen Volk, weiter erwarteten ethischen und religiösen Entwicklung, sollte eine neue Grundlage für einen weiteren Schritt des Heilsplanes bringen.
Damit würde dann die Erlösung aller Gefallenen aus der gebundenen Knechtschaft Satans möglich sein.

Diese Bindung zu brechen erforderte einen speziellen, einzigartigen, in jeder Beziehung, absoluten Treuebeweis eines Menschen zu Gott.

Und dies selbst gegen alle teuflisch, möglichen Anstrengungen von Versuchungen, satanischen Versprechungen, qualvollen Erpressungshandlungen, und geistig schlimmstem Verhöhnen und Verspotten.

Der Gläubige fragt sich gleich: Warum wollte Gott nicht einfach, mit einem Machtwort, die Gefallen aus der Knechtschaft Satans erlösen, ohne eine derart scheinbar, unnötige, unmögliche, schwere Bedingung.

Die Erfüllung einer solchen Bedingung besteht aus folgendem göttlichem Verständnis zu Satans Argumentation; dass die Menschen schlussendlich immer seinen Anweisungen Glauben schenken, und damit ihm vor Gott Recht geben würden.

Solange ein Mensch nicht das Gegenteil beweise, wäre es von Gott eine Ungerechtigkeit gegen ihn, ihm seine selbst erworbenen Knechte weg zu nehmen. In seiner unermesslichen Gerechtigkeit akzeptierte Gott diese Argumentation Satans.

Im Heilsplane war deshalb vorgesehen, dass ein von Gott beauftragter, ein Messias, gesandt werde, um diese Aufgabe zur Erlösung zu erfüllen.

10.) Lehrtätigkeit Christi

In seiner Lehrtätigkeit wanderte Christus zusammen mit seinen Jüngern laufend durch Israel. In deren verschiedenen Orten war jeweils sein Kommen bekannt. Mit seinen Predigten rief er die Menschen auf, einem gottgefälligen Leben gerecht zu werden; Nächstenliebe, gegenseitiges Verzeihen, Barmherzigkeit, Demut, Bescheidenheit zu üben, und Gott stets die Ehre zu geben. Er heilte überall Kranke und Besessene.

Auch half er zum richtigen Verständnis der »Heiligen Schrift«, und was in vielen Dingen in der Religionslehre der Pharisäer und Schriftgelehrten falsch ist.

Deshalb waren ihm die Pharisäer gar nicht wohl gesinnt und fingen an ihn zu verfolgen, ihn wo möglich gefangen zu nehmen.

Um ihn zum Tode verurteilen zu lassen, möchten sie die Gelegenheit wahrnehmen, ihn der Gotteslästerung anzuklagen, da er in seinen Predigten auch stets sagte, dass er Gottes Sohn ist.
Jesus kannte ja seinen Auftrag, mit dem er ein menschliches Leben auf sich nahm.
Er wusste auch um die Schwere dieses Auftrages, speziell in dessen Abschluss.
Denn, dass er dann von satanischer Seite mit all dessen brutalen gotteswidrigen Einflussversuchen zu rechnen hatte, war ihm voll bewusst. Er wusste auch den Zeitpunkt, in dem er sich dem letzten Teil seines Auftrages stellen sollte.

Wahrscheinlich im Jahr 28 n. Chr.
Johannes der Täufer wird unter Vierfürst Herodes Antipas enthauptet (M 91 4 15).

Als für Christus entsprechend den Vereinbarungen mit Gott seinem Vater, der Zeitpunkt seines letzten, aber schwersten Auftrages, gekommen war, zog er am jüdischen Passahfest in Jerusalem ein.
Mit seinen Jüngern feierte er ein letztes Mal gemeinsam das stets übliche Abendmahl.
Die weiteren Geschehnisse sind ausführlich in den Evangelien festgehalten.
Dazu folgende Informationen:
28 n. Chr. Kreuzigung von Christus
(M 91 4 5 / 17 / 24) (M 92 2 21) (M 93 6 42).

C) Ab Christus bis Ende Zweiter Weltkrieg.

28 n. Chr. 28./29. April,
Christus erreicht, mit seiner Gottestreue, die geplante Erlösung der Abgefallenen aus Satans Gefangenschaft (P 235 / 244).

Damit konnte jeder, der sich zu Christus bekannte, die höllischen Bereiche verlassen, um den Weg seiner Läuterung und Wiedergutmachung zu beschreiten.

11.) »Letztes Gericht« / »Jüngster Tag«

28 n. Chr. 29. April,
Geistiger SIEG CHRISTI über den Widersacher (P 98 / 213 / 216) (P237f. / 242 / 312).

Christus erfüllte so mit seiner vorbildlichsten Selbstlosigkeit und absolut, unabdingbaren Gottestreue die Erlösungsbedingung und damit die unwiderrufliche Befreiung der Gefallenen.
Nun war sein Erster Gang, unter der Begleitung von Michaels kampfmächtigen Engeln, in die Hölle, gegen Satan und seine teuflischen Knechte.
Es ging darum, ihn dort auch als Geist zu bezwingen.
Ungeheuerlich muss der Kampf dort gewesen sein.
Gegen die feurigen Schwerter von Michaels Getreuen konnten die Knechte Satans nicht bestehen, übel wurden sie zugerichtet.

Schlussendlich kämpfte Christus selbst gegen Satan. Trotz all dessen möglichen teuflischen Kampfmitteln unterlag Satan und bat kniend um Verschonung.

Damit begann im Heilsplane Gottes
als »Jüngster Tag« eine neue Zeit:!
Denn hier hat Christus diesem Satan die neue Gesetzgebung vorgegeben.

In dieser kann Satan nicht mehr willkürlich Mensch, Tierwelt und Natur schädigen. Die teuflischen Geister können nicht mehr Menschen grundlos besetzt machen. Dazu werden die höllischen Mächte von der göttlichen Welt überwacht. Bei Überschreitungen von Gesetzgebungen werden Betreffende streng bestraft.

Die einzige Wirkungsmöglichkeit,
die Satan noch zugestanden wurde,
ist die Beeinflussung der Menschen.

Damit besteht einerseits die Situation, dass der Mensch in seiner irdischen Schule zwischen der göttlichen Eingebung und den satanischen Einflüssen selbst entscheiden muss, bzw. kann,
welche Entscheidungen er in seinem Leben jeweils treffen will.

Das ist so die notwendige Schulung, und schlussendlich wirkungsvolle Bereinigungsmöglichkeit
seiner noch ins menschliche Leben mitgebrachten seelischen Unreinheiten.

Andererseits ist Satan die Möglichkeit geboten, zu beweisen, dass sein Einfluss auf die Menschen stets wirkungsvoller sein würde, als diejenige der göttlichen Welt.
Weil Satan das auf längere Zeiten hin nicht zu beweisen im Stande sein wird,
kann er später durch Gottes Wort in seinen Möglichkeiten noch weiter eingeschränkt werden.

12.) Erscheinen Christi und Auffahrt

28 n. Chr. 29. April;
Am späten Abend erscheint der Herr den Aposteln (P74/312).
Wohl am 7./8. Mai;
erscheint der Herr den Aposteln zum zweiten Mal.
Dritte Begegnung des Herrn zu einem Teil der Apostel in Galiläa, am See Genezareth (P 74).

28 n. Chr. Steinigung des Stephanus in Jerusalem (P 73/75/312).

28 n. Chr. 7.Juni: Damaskus-Erlebnis des Paulus (vorübergehende Erblindung) (P74/312).

28 n. Chr. 7. Juni;
Vierte Begegnung des Herrn bei den Aposteln (P74).
Auffahrt des Herrn (P 55/73/74/312).

In seinen Begegnungen orientierte Christus die Jünger, dass er, nach seiner Auffahrt zurück zum Vater, der Menschheit den »Geist der Wahrheit« senden werde.

Dies einerseits, weil die damaligen Jünger Jesu, auf Grund ihrer einfachsten Bildung und der damaligen, zum Teil falschen, israelitischen Religionslehre vieles der Offenbarungen und Gleichnisse von Christi oft nicht verstanden.
Auch sollte andererseits durch die Sendung des «Geistes der Wahrheit» allen nachkommenden Jüngern, Aposteln und Christen, auf dem Wege durch Menschen mit reinsten medialen Fähigkeiten, ein umfangreiches Wissen über Ursache und Grund Ihres Daseins vermittelt werden.

28 n. Chr. Zwischen 10. und 17.Juni;
Flucht des Paulus aus Damaskus in die Syrisch-arabische Wüste (P 82/312).

31 n.Chr. Paulus zieht für 15 Tage nach Jerusalem um Petrus kennenzulernen.
Der Apostel Barnabas erhält durch einen Engel die Bestätigung, dass Paulus im Namen Christi kommt (P 57/58/312).

28 n. Chr. 17.Juni; Pfingstgeschehen (P 62/256/266/312).

13.) Pfingsten: »Geist der Wahrheit«

Mit dem uns bekannten Pfingstgeschehen begann der von Christus versprochene »Geist der Wahrheit« mit den göttlichen Belehrungen, den Erklärungen von Grund und Ursache des Menschseins, wirksam zu werden; wobei ihnen dies anlässlich des Pfingstereignisses (durch »Engelszungen«), und den religiösen Zusammenkünften der Ur-Christen vom »Geist der Wahrheit« geoffenbart wurde.

Zitate aus der Schrift »Geistige Welt«

>> Pfingsterlebnis: Zu jener Zeit waren die Jünger Jesu in ihrem Saale versammelt.
Es war der Abendmahlsaal, wo sie sich vereinigt hielten und beteten.
Denn es war eine besondere Zeit dazumal. Es beteten besonders auch die Juden. Sie waren auch versammelt; denn es war für sie ein Fest der Vollendung und des Dankes, den sie zu Gott sandten.

So waren auch die Jünger Jesu im Besonderen versammelt, wie die Juden an ihrem Orte.
Doch plötzlich ging ein Brausen und Donnern über diese ganze Gemeinde und weit herum.
Es hatten sich glühende Zungen gebildet über jedem Haupte von diesen Jüngern.

Es sind wieder diese geistigen Formen, von welchen ich jeweils doch auch zu euch spreche,
dass ihr nicht glauben sollt, dass in der geistigen Welt etwas formlos sei.
Ungeheuer viele Formen und Gestalten sind dort vorhanden, die die Menschen noch nicht kennen.
So sind diese glühenden Zungen gebildet worden.
Die Kraft dazu wurde aus dem Strome Gottes genommen, von diesem glühenden Lebensstrome,
der in der geistigen Welt vorhanden ist.
Es ist das Leben, das in jenem Blumenparadiese herrscht,
wo diese glühenden, zarten Fäden ein
Gebilde sind von etwas Wunderbarem.
Von überall her sind jene zarten Fäden geholt worden.
Von jeder Sphäre der geistigen Welt ist ein Hauch zu dieser glühenden Form genommen worden.
Und sie ist als Zeichen der Sprache, als Zunge geformt,
und sichtbar über diesen Jüngern gebildet worden.

Es war dies das Zeichen der Gotteskraft,
es war dies ein Heiliger Geist über jeder Person.
Und von jener Zeit an vermochten diese Jünger so viele Sprachen zu sprechen, Kranke zu heilen
und Wunder zu vollbringen. Sie wurden gestärkt von dieser Gotteskraft, von dieser Kraft aus dem Strome , der um das Haus Gottes fliesst.
Von jeder Sphäre wurde ein Hauch dazu gegeben,
und das alles diesen Jüngern.

So ist heute dieses Fest ein Fest der Freude und der Glückseligkeit, in der Hauptsache in der Geistigen Welt. Doch verschiedener Orts finden sich auch Menschen zusammen, um in gleicher Weise zu feiern, wie dazumal. Und all jene Menschen, die dieses Wahre, dieses Reine in sich erkannt haben, empfangen eine besondere Gnade, und ihnen wird zu dieser Zeit auch besondere Kraft gegeben. Denn nicht nur dazumal, auch heute, lieber Freund, sind diese Gotteskräfte bereit zu den Menschen zu kommen << (GW22/1950).

>> Liebe Geschwister, die Christenheit wird in diesen heiligen Tagen (Pfingsten) an die Ausgiessung der heiligen Geister erinnert. Die Zahl der frommen Christen, die sich dazu bekennen, dass die heiligen Geister wirklich zu den Menschen sprechen, sie inspirieren und führen, ist aber viel zu gering.
Selbst die Existenz dieser heiligen Geister wird von so vielen Christen bestritten. Aber dessen ungeachtet, lässt Christus im Namen Gottes die Pforten der Himmel öffnen, dass seine Getreuen und Hüter der Gesetze sich zu den Menschen gesellen; denn das ist eine ihrer Aufgaben in der Schöpfung Gottes, sie aufmerksam zu machen auf ihre Fehler << (GW24/1960).

>> So ist es geworden. Der Geist der Wahrheit verkündet den Menschen, was sie notwendig wissen müssen über den Heils- und Erlösungsplan und über das Menschsein << (GW22/1968).

>> Alles wirkliche Wissen um Gott, um die Geisterwelt und um ein ewiges Leben, ist seit all den Jahrtausenden nur auf diesem spiritualistisch-medialen Weg zu den Menschen gelangt.

Vielfältig werden in der Bibel und in den apokryphen Büchern die Aufgaben der Himmelsboten, auch gegenüber den Menschen beschrieben.

Alle Erscheinungen eines guten spirituellen Mediums finden wir schon bei den frühesten biblischen Medien, den Propheten << (GW22-23/1961).

Siehe auch: **2. Sam. 23,2:**
Der Geist des Herrn hat durch mich geredet.

>> Wir möchten daher jenen, die ausserhalb ihrer Bibelauslegung in allem nur dämonisches sehen, zu bedenken geben: Wenn es Sünde wäre, Geister Gottes zu uns sprechen zu lassen, so wären alle Männer der Bibel, die dasselbe taten, wie uns darin laufend erzählt wird, keine heiligen Männer, sondern einfach Sünder. –

Wer sich in diese Geistlehre vertiefen möchte, braucht deshalb seine Kirche nicht zu verlassen << (GW22-23/1961).

>> Meine lieben Freunde, Christus hat dazumal den Menschen die Worte gegeben:

»Ich werde euch dann einen Tröster senden!«
Siehe Joh. 14, 17; 26/ Joh. 15,26

Damit verkündete er, dass nach ihm die Engel Gottes zu den Menschen gesandt würden.
Er hat als Erlöser seine Aufgabe erfüllt,
indem er den Menschen den wahren Weg zeigte
zum Hause Gottes << (GW43/1950).

>> Dazu ist es auch wichtig, zu dem im Folgenden wiedergegebenen und allgemein üblichen Ausspruch, sowie dessen wirklichen Bedeutung, zu sprechen.
Sagt man doch vielfach:
»Du sollst die Toten nicht befragen«.
Wer ist denn hier mit den Toten gemeint?

Nach unseren menschlichen Begriffen können die Toten ja nicht sprechen.
In 3. Buch Mose, 19 Vers 31 heisst es:
>Ihr sollt Euch nicht an die Totengeister und an die Wahrsagegeister wenden, ihr sollt sie nicht befragen und euch so an ihnen verunreinigen;
ich bin der Herr euer Gott.>
Die Totengeister sind die Geister des Totenreiches, also des satanischen Reiches.
Siehe auch: **5. Buch Mose, 18 Vers 10-12.**

Dann kennen wir aber auch die Geister (Engel) des Himmels, die lebendigen Geister,
und deren Geister der Wahrheit.
Dazu hat uns Christus versprochen:
»Er werde uns den Geist der Wahrheit senden!«
Die Erfüllung dieses Versprechens hat mit dem Pfingstgeschehen seinen Anfang genommen.
Und die Worte Christi vergehen nicht und haben heute, wie dazumal, und auch in Zukunft Gültigkeit.

Mat. 24,35; Mark. 13,31; Luk. 21,33
Himmel und Erde werden vergehen,
aber meine Worte werden nicht vergehen.

Mat. 28,20 :
…ich bin bei euch alle Tage bis an das Ende der Welt.

Über die symbolische Form der Ausgiessung des Heiligen Geistes als feurige Zungen erfahren wir folgende Erklärung:
Bestimmte Kräfte bilden bestimmte Formen.
So sind auch diese Formen, diese feurigen Zungen gebildet worden. Ich möchte sagen, in gewissem Sinne war es ein Symbol, es war ein Zeichen.
Die Menschen sollten erkennen, dass auf jedem der Apostel ein Heiliger Geist gekommen ist und ihnen so viel Wissen gebracht hatte, dass nun ihre Zungen durch dieses heilige Feuer, diese heilige Kraft redeten. Denn einem jeden Jünger wurde e i n Heiliger Geist – e i n Heiliger Geist gegeben!
Und diese Form wurde ebenso (als Zunge) gezeichnet.

Dieser Heilige Geist, die jedem zukommt,
ist jeder als eine Persönlichkeit aufzufassen.
Es gibt doch in der geistigen Welt auch Geister,
welche nicht allwissend sind.
Wenn ich aber von einem heiligen Geist spreche,
dann liebe Freunde ist das etwas Vollständiges,
etwas Hohes; das ist ein Engel Gottes, ein Heiliger Geist.
Christus ist ein Heiliger Geist, Michael, Gabriel sind
Heilige Geister << (GW41/1950).

>> Wer mit der Geisterwelt Gottes verbunden ist,
erkennt auch sofort, woher die Mitteilungen
(durch ein Medium) kommen.
Wenn ich früher gesagt habe, dass die Güte eines
Menschen aus seinen Augen strahlen muss,
und dass man die Güte an seiner Haltung, seinen
Bewegungen erkennen kann, so kann man auch einen
Geist (der von einer medialen Person Besitz ergriffen
hat) an seinen Bewegungen, seinem Gebaren, seiner
Sprache erkennen, aus welchen Höhen er stammt <<
(GW49/1953).

1.Joh. 4,1: »Prüfet die Geister, ob sie von Gott sind!«

>> Herkunft der Namen wie »Mächte«, oder
»Fürstentümer« etc. Die ersten Christen kamen doch so
zusammen wie ihr (Bezugnahme auf mediale Vorträge von
Heute), und auf diesem Wege haben sie dieses
Wissen erhalten. Die Apostel selbst haben darüber
Erklärungen abgegeben, auf diesem Wege.
Denn glaubt ihr, dass in den ersten Zeiten nach Christus
diese Kirchen so aufgebaut gewesen wären?

Diese Menschen waren bei irgendeinem Freunde zusammengekommen, der ihnen einen Raum zur Verfügung stellen konnte. Und dort haben sie sich versammelt und Gottesdienst gehalten.
Und dort haben sie eben solche Medien gehabt, die diese Botschaften und Belehrungen aus der geistigen Welt ermöglicht haben, solange, bis Menschen gekommen sind und dasselbe beiseite gestossen haben.
Sie wollten keine solche Verbindung mehr, sie wollten selbst befehlen!
Und sie haben dann diese Kirche aufgebaut, mit denen sie die Menschen besitzen, und wo so viel Irrtum hineingekommen ist. Denn sie hörten (durch die Medien) viele Worte, die ihnen nicht genehm waren, über Dinge, die sie anders beurteilten << (GW44/1950).

<< Es ist der wahre Christ als solcher gezeichnet bei seinem Übertritt (ins jenseitige Leben).
Christus ist es selbst, der einem jedem empfiehlt: »Tritt in den Bund mit mir! Werde einig mit mir!«
Denn es ist der Herrscher der guten Geisteswelt, und er sendet jene, die in den Bund mit ihm getreten sind, seine Getreuen, hin zu den Menschen; denn sie haben wie er die Opferbereitschaft, das Verständnis, die Güte und Liebe. Sie sind von ihm belehrt worden. So sollen sie zu den Menschen hingehen, wie er es diesen zu Lebzeiten versprach:

»Ich werde euch den
Geist der Wahrheit
senden und er wird euch
über vieles belehren.«

Die Menschen sollten nach und nach über viele Dinge unterrichtet werden,
die sie zur Christi Zeit noch nicht begriffen.

Nun schreiten die Getreuen Gottes und Christi unter den Menschen einher; denn trotz dem Siege über Luzifer steht diesem das Verführungsrecht über die Menschen zu, und so viele Helfershelfer stehen ihm willig bei.

Wenn er auch keinen besonderen Anteil mehr hat an den Seelen der Menschen, da sie nicht mehr in seine höllischen Bezirke zurückkehren

(nur noch in die Läuterung, *die aber für die grössten Übeltäter gleichwohl voller Qual und Pein sei kann),*

und er sich damit begnügen muss, den Aufstieg des einzelnen zu verhindern,
so hat er dabei doch seine Genugtuung.

Verhindern will er ihren geistigen Aufstieg;
verhindern will er den Frieden und das Glück der Menschen unter sich.

Er will, dass sie an Gott und seiner Gerechtigkeit zweifeln. Er will Christus den Sieg absprechen.

Und es gelingt ihm auch Menschen zu finden, die auf seine Einflüsterungen eingehen und Werkzeuge seiner niederen Mächte werden << (GW15/1961).

<< Christus sprach zu den Seinen vom Geiste der Wahrheit, der kommen werde, um über Dinge zu unterrichten, die sie noch nicht verstehen konnten.

Haben diese Worte nicht auch heute noch ihre
Gültigkeit bei so vielen Menschen?

Können nicht so viele auch heute noch nicht verstehen,
wenn ein Geist der Wahrheit zu ihnen spricht,
oder sie wollen nicht verstehen.

Die Jünger Christi aber waren so einfachen Denkens.

Sie hatten keine hohen Schulen bestanden,
auf die der heutige Mensch so stolz ist und behauptet,
dass er wissenschaftlich gebildet sei.

Jene Menschen waren einfachen Denkens,
und so musste er seine Lehre ganz nach ihrem
einfachen Denken und Fassungsvermögen ausrichten.

Zum heutigen gebildeten, an ein kompliziertes Denken
gewöhnter, Mensch ist wohl zu sagen,
dass es gerade das ist,
was ihm im Wege steht,
diese einfache Lehre Christi anzunehmen. <<
(GW2/1967)

14.) Die Missionstätigkeit der Apostel

31 n. Chr. Paulus erhält den Auftrag das Wort an Nichtjuden zu verkünden (P58/95).

31-43 n. Chr. Erste Missionsreise des Paulus (P58/106f./313).

44 n. Chr. Herodes lässt den Apostel Jakobus steinigen (P313).

44 n. Chr. Herodes wird schlagartig dahingerafft (P128/313).

44-51 n. Chr. Zweite Missionsreise des Paulus (P58/313).

51 oder 52 n. Chr. Dritter Besuch des Paulus in Jerusalem (P59/154/314).

59 n. Chr. Um den 3. Juni; Vierter und letzter Besuch des Paulus in Jerusalem, wo er verhaftet wird (P58/169/177/314).

64 n.Chr. Paulus wird in Rom hingerichtet (P48/200/237/314).
Es folgen entsetzliche Christenverfolgungen (P17/200/314) (M 96 2 31).

Spätestens 100 n. Chr. gibt es eine christliche Gemeinde in Alexandria, gemäss den ältesten uns erhaltenen Zeugnissen des Evangeliums (O 22).

Um 100 bis 165 n. Chr. Lebenszeit von
»Justin der Märtyrer« (M03 4 47).

Ab 2. Jh. n. Chr. Durch die dauernden Verfolgungen der Christen schwindet das kritische, eigenständige Denken der Gläubigen (M 96 2 32).
Der Geist des Urchristentums gerät zunehmend in Bedrängnis (O91f.).
Es setzt ein Prozess ein, der zu heidnischer Überlagerung und Verfälschung der ursprünglichen Glaubensinhalte der biblischen Schriften, mit römisch geprägter Sichtweise in der Theologie, führt.
Eine Verwässerung des christlichen Wissens zeichnet sich ab (M 97 4 40) (M 98 2 27).

2. Jh. n. Chr. Erstmalige Anwendung des Begriffs katholisch (M 99 4 26)
(griechisch KATHOLIKO'S: für alle verbindlich).

2. Hälfte 2. Jh. n. Chr. Gründung der berühmten Christenschule in Alexandria; Erkenntnisse: Christus = Mittler zwischen Gott und Menschen (M 91 1 5) (M 96 1 30 und 2 34) (98 2 26) (O 23).

151 n. Chr. Orakelpriester Alexander, Götterkult und Orakel machen Inebolu zum Wallfahrtsort (M 94 4 41/44).

180 n. Chr. Es herrscht bereits ein verweltlichtes Christentum vor (O 53).

Gegen Ende des 2. Jh. n. Chr. Taufe und Abendmahl erfahren einen grundlegenden Bedeutungswandel und erhalten eine materialistisch-heidnische Bedeutung (M 06 2 34f.).

2./3. Jh. n. Chr. Das katholische Taufsymbol in Form eines Bekenntnisses zu einem dreieinigen Gott wird geschaffen (M 99 4 26).

Freie charismatische Dienste, sowie die Geistbegabten und Propheten werden immer mehr durch Bischöfe und Diakone mit alleinigem Recht für Auslegung und Lehreinhaltung verdrängt. Entstehung des heutigen Priestertums für Verwaltung und Führung der Gemeinden (M 92 2 36f.) (M 93 1 45f.)

202-203 n. Chr. Christenverfolgung unter dem römischen Kaiser Severus (O 26/31/33f).

Ab etwa 213 n. Chr. Durch Sabellius kommen Christen zur irrigen Vorstellung, Gott und Christus seien ein und dieselbe Persönlichkeit (S 77/388) (O 258/268).

Nach 259 bis um 300 n. Chr.
Christen werden nicht mehr verfolgt (O 120).

Spätestens um 280 n. Chr. Christliche Griechen unterhalten in Alexandria eine Organisation christlicher Gelehrsamkeit mit entsprechender Schule (O 128/211).

3. Jh. n. Chr. Die katholischen Bischöfe beanspruchen gemäss dem Matthäus-Evangelium 16,18f. die > Schlüsselgewalt Petri < (M 99 4 31).
Christliche Bischöfe beanspruchen die Stellvertretung Christi und nennen sich Hohepriester, Entmündigung der Gläubigen (M 92 2 38).
In der christlichen Kirche beginnt ein fortschreitender Prozess der Entrechtung der Frau.
Das prophetische Wirken in der Kirche wird verdrängt (M 92 1 39).
Anfänge des niederen »Kultus von Heiligenverehrung« (M 96 2 38).

15.) Heiligen- und Maria-Verehrung

Zitate aus der Zeitschrift »Geistige Welt«

>> »Liebe Freunde, gebetet soll nur werden zu Gott! Christus hat auch zu Gott gebetet.«
Christus hat dem Menschen das Vaterunser gebracht, und sie gelehrt zu Gott zu beten.
Denn Gott beansprucht das Gebet für sich und kein Wesen der geistigen Welt hat das Recht, sich anbeten zu lassen; denn dies wäre eine Erniedrigung Gottes.
Die Menschen sollen zu Gott beten, und dann kommen sie in Verbindung mit ihm.

Jene aber, die zu so und so vielen Heiligen beten, werden niemals eine Verbindung zum Hause Gottes bekommen.

Es kann sein, dass jene Heiligen die Gebete zum Hause Gottes tragen (als Fürbitter), aber auch, dass sie solche Gebete ablehnen und sagen »Ich bin nicht würdig dieser Gebete, ich kann sie nicht annehmen«; und sie weisen sie von sich; denn sie wissen genau, dass niemals ein Mensch von der Erde zu ihnen beten darf.
Diese Gebete durchdringen nicht einmal die Decke der Stube oder der Kirche, erreichen nicht die geistige Welt.
Nein, man darf wohl eine Verehrung für ein besonderes verstorbenes Wesen haben (also auch für Heilige), aber das Gebet gehört Gott!« << (GW36/1950).

>> Wir möchten doch den Menschen sagen, was unter einem Heiligen zu verstehen ist, dass die Geister Gottes heilig sind und es dem Menschen nicht zusteht zu entscheiden, wer im Himmelreich heilig wird oder ist.
Heilig ist jeder, der vom himmlischen Vater in sein Reich aufgenommen wird.
Heilig sind all jene, die ihre Aufgaben erfüllen, die sich in den Dienst Gottes und seiner heiligen Geister stellen.
Heilig sind die Geister, die für die Menschen und mit den Menschen für das Gute kämpfen. << (GW22/1956).

>> Das Wunder von Lourdes.
Das ist so:
Ein Mensch der dort in Andacht versunken war, hat hellsehend einen wunderbaren Engel wahrgenommen. Es war wahrhaftig ein Engel Gottes.

Es war aber nicht Maria, es war ein Engel in seiner Pracht und Herrlichkeit, so schön, dass es für jenen Menschen doch nur Maria sein konnte, weil sie so verehrt wurde von der Kirche aus, und es kein anderes Wesen sein konnte, nach jenen Begriffen.

Die Menschen glaubten, dass es nur Maria sein könne, weil sie zu ihr beteten und glaubten, dass sie nun an erster Stelle bei Christus und Gott sei, weil sie die Mutter von Christus war.
Maria war ein gutes, reines Wesen, bestimmt dazu, Christus zu gebären, und hat damit ihre Aufgabe erfüllt. Es gehört nur Gott allein Lob und Dank! <<
(GW51/1950).

3. Jh. n. Chr.
Die Erlösungstat Christi wird unter dem Einfluss der Heidenchristen zum gottgewollten Sühneopfer.

Das christliche Abendmahl verkommt zu einer heidnischen Opferhandlung, welches nur ein Priester darbringen darf, der damit auch als Mittler zwischen Gott und die Menschen tritt (M 96 2 37).

Nach Mitte des 3. Jh. n. Chr.
Der Zustrom von Heiden fördert den Einfluss des Namen-Christentums.
Das Göttertrias führt zur Dreifaltigkeitslehre (M 96 2 37).

325 n. Chr. Konzil von Nicäum.
In einer demokratischen Abstimmung der katholischen Bischöfe erstellen diese das wahrheitswidrige Dogma der »Trinität«:

Gott, Christus, und der Heilige Geist seien
»Ein und dieselbe Person«!
(M 91 3 28) (M 91 4 22) (M 94 6 33)
(M 96 1 12) (96 2 42)(M96 3 30).

16.) Trinitätslehre / Dreieinigkeitsdogma

>> Es gibt nur einen Gott,
liebe Freunde; Jesus aber ist sein Sohn.
Jesus gab hierüber so viele Erklärungen.
Er sprach: »Der Vater und ich sind eins.« –
Mit diesen Worten glauben viele Menschen Gott und Jesus in Eins verschmelzen zu müssen.
Jesus aber ist eins mit Gott in seiner Liebe und Güte, auch er erweist Gott Gehorsam und ist in gewissem Sinne auch ein Diener von Gott.
Aber Jesus hat diese Liebe und Güte, wie sie Gott selbst besitzt, und so sind sie eins zusammen in ihrem Wirken, in ihren Ideen, doch beide sind für sich je eine Person.<< (GW 25/1950).

Dazu berichtet uns die Bibel
Mat. 3,17 / Mark. 1,11 / Luk. 3,22 / 9,35:

Als aber Jesus getauft worden war (am Jordan bei Johannes dem Täufer) stieg er alsbald aus dem Wasser, und siehe, die Himmel taten sich auf, und er sah den Geist Gottes wie eine Taube herab schweben und auf ihn kommen.
Und siehe, eine Stimme aus den Himmeln sprach:

>> Dies ist mein geliebter Sohn, an dem ich Wohlgefallen gefunden habe. >>

>> *Zu oberflächlich geht man über all das hinweg.*
Würde man auch über die Worte nachdenken,
die Christus am Kreuz gesprochen hat,
die er ausrufen musste:

»Mein Gott, mein Gott, warum hast du mich verlassen!«

Wenn gewisse Glaubensrichtungen Christus zu Gott stempeln, sollte man sich fragen:
Wie kann denn ein Gott sich selbst verlassen?
So sollte man doch in dieser fortschrittlichen Zeit
zur Erkenntnis gelangen, dass Christus der Sohn Gottes ist, dass er dieses Erlösungswerk vollführte.
So sollte doch dieser Christenheit erklärt werden,
was unter dieser Erlösung zu verstehen ist.
Und wenn Christus ausgerufen hatte:
»Mein Gott, mein Gott, warum hast du mich verlassen!«,
so ist es das, was ich anfangs erklärte: er konnte seinen Vater nicht mehr sehen, es ängstigte ihn.

Er fand nur Trost im Anblick seines Vaters und vermochte nur so alles zu ertragen.
Er wollte nur seinen Vater sehen und sicher beglückt sein, dass der Vater seinen Blick auf ihn richtete.
Denn er wusste um das Erlösungswerk, das er erfüllen musste, er wusste um die Schwere seiner Aufgabe;
es wurde ihm zuvor gesagt. Nun war es dunkel geworden vor seinem irdischen und geistigen Auge,
er konnte den Vater nicht mehr schauen.
Und in seiner grössten Not wollte er nur ihn sehen.
So hatte er seinem Schmerz mit diesem Ausruf Ausdruck gegeben: »Warum hast du mich verlassen!«
Siehe auch: **Mat. 27,46.**

Doch bald darauf rief er aus: »Es ist vollbracht!«!

Christus schaute wieder: Da er dieses sprach, sah er wieder die Engel, wie sie in Scharen auf ihn zukamen, ihm zujubelten und ihn als ihren König begrüssten.
Er konnte wieder sehen, und konnte ausrufen:
»Es ist vollbracht!«
Die Trennung vom Leibe war vollzogen.
Dann begleiteten ihn die Engelscharen zu den Pforten der Hölle.
Man versuchte ihm zuerst den Weg dahin zu versperren.
Doch er hatte die Kämpferscharen zur Seite,
Michael mit seinen Legionen.
Er war in die Hölle hinuntergefahren.

Es gab kein Hindernis, denn alles wurde aus dem Wege geräumt, was dieser Luzifer ihm noch in den Weg zu stellen versuchte. Und der Widersacher wurde aus seinem Versteck hervorgerufen. Er musste hervortreten, und es gab wieder einen Kampf.
Aber Sieger blieb Christus. Hier wurden nun die Rechte Luzifers festgelegt, wie weit er die Menschen versuchen durfte, wie weit es ihm erlaubt war, sie zu betören. Andererseits musste er es hinnehmen, dass Christus ihm die Gutwilligen entreissen würde.
Die guten Geister sollten durch seinen Sieg das Recht haben, die Menschen zum Guten zu beeinflussen.
Und Christus sprach:
»Ich bin der König der Wahrheit, und ich werde sie alle emporführen, die nach der Wahrheit suchen << (GW17/1968).

>> So, liebe Freunde, im Hause Gottes, zur rechten Gottes ist Christus. Hier möchte ich kurz verweilen, da es Gemeinschaften gibt, die behaupten, dass **Gott und Christus** eine Person seien.
Wieso können sie dann sagen, dass Christus zur Rechten Gottes sitzt? Also könnt ihr selbst diese Widersprüche erkennen, und wenn doch Christus wiederkommen wird, so kann er doch nicht mit Gott, mit seinem Vater in einer Person sein.
So sage ich: Gott-Vater im Himmel ist in einer Person, und Christus zu seiner Rechten der höchste Fürst des Himmels << (GW35/1950).

>> Christus hat am Kreuze gerufen:
» Mein Gott warum hast Du mich verlassen?«
Könnte wohl Gott sich selbst verlassen
(wenn Christus Gott wäre) ? –
Christus wird von den Menschen gewissermassen Gott gleichgestellt. Wir sagen: Christus ist der Sohn Gottes, der König, nach Gott der höchste Geist <<
(GW29-30/1959).

>> So will ich nur kurz erwähnen, dass Gottvater eine Persönlichkeit ist und dass Gott Form und
Gestalt hat in vollendeter Schönheit. Christus war seine erste Schöpfung, die ihm an Schönheit ähnlich ist.
Und der Heilige Geist? Christus ist der Hl. Geist, Gott ist der Hl. Geist, Gabriel, Michael, Raphael, sie alle sind heilige Geister. Und jeder in vollkommener Weise
und vollendeter Schönheit neben Gott, leuchtender Geist ist ein Heiliger Geist << (GW45/1952).

>> Christus sagte auch: »Wo ich bin, ist auch mein Vater.
Der Vater liebt das, was der Sohn liebt,
und der Sohn liebt, was der Vater liebt.

Das Eigentum des Vaters ist auch das Eigentum des Sohnes«. Und er sagte:

»Wir möchten bei Euch Wohnung nehmen«.

So wird man sich klar, dass Gott eins ist mit Christus (nicht in Person) << (GW1/1960).

Weitere biblische Zeugnisse über die eigenen Persönlichkeiten von Gott und Christus:

- 1.Tim. 2,5: »Denn es ist ein Gott,
  es ist auch ein Mittler zwischen Gott und den Menschen, der Mensch Christus Jesus.«

- Mark. 13,32: »…weiss niemand etwas,
  auch die Engel im Himmel nicht,
  auch der Sohn nicht, sondern nur der Vater.«

- Joh. 17,3: »…, dass sie dich,
  den allein wahren Gott und, den du gesandt hast,
  Jesus Christus erkennen.«.

- Jih. 20,17: »Jesus sagte zu ihr:
  Rühre mich nicht an,
  denn ich bin noch nicht zum Vater aufgefahren.«

- Hebr. 4,14: »Da wir nun einen grossen Hohepriester haben,
  der durch die Himmel hindurch gegangen ist,
  Jesus, der Sohn Gottes, …«

Das wahrheitswidrige Dogma der »Trinität« stammt nicht aus der Feder von inspirierten Propheten oder Aposteln, sondern aus einer demokratischen Abstimmung der katholischen Bischöfe, anlässlich ihres Konzils von Nicäum im Jahre 325 n. Christi.
Dies geschah in Anlehnung an die in alttestamentlichen Zeiten verehrten heidnischen Götterdreiheiten, wie z.B.:
Osiris, Isis, Horus bei den Ägyptern,
dann Zagreus, Phanes, Dionysos im Dionysoskult von Griechenland,
sowie Jupiter, Roma, und Venus bei den Römern.

(Siehe auch die Erläuterungen am Ende des Abschnittes »Mediale Gaben«, über die sich selbst
ernannten, rein weltlich interessierten Bischöfen,
sowie auch der Kirchengeschichte).

17.) Die Zeiten der Staatskirchenmacht

4. Jh. n. Chr. Niedergang des Christentums (M 94 4 19).

Kirche wird zur römischen Staatskirche mit heidnischen Tempel- und Mysterienkulten und Entfaltung von Prunk und Reichtum (M 95 4 26/30).

2. Hälfte 4. Jh. n. Chr.
In Rom wird die Trinitätslehre aus der Taufe gehoben, die Kleriker fälschen die heilige Schrift (O 189/194f.).

Bis Ende 4 Jh. n. Chr. Bei gottesgelehrten Christen ist das Bewusstsein über die Verheissung Christi, er werde den Geist der Wahrheit senden, noch vorhanden (O 14).

Christen kennen Salomo noch als überragende, lichtvolle Gestalt (S 14).

570-632 n. Chr. Mohammed, Stifter der islamischen Gotteslehre (S 31/389).

1209-1229 n. Chr. Der Papst ruft die Ritterschaft zum Kreuzzug gegen Nichtkirchengläubige ('von den Dogmen Abweichende') auf.

Überlebenden stellt anschliessend die Inquisition nach (M 99 3 29).

1483-1546 n. Chr. Lebenszeit von Martin Luther, deutscher Reformator (M 04 6 40) .

1484-1531 n. Chr. Lebenszeit von Ulrich Zwingli, Zürcher Reformator und Humanist. (M 99 6 43).

1524 n. Chr. Zürich wird reformiert (M 99 6 45).

1530/34 n. Chr. Die Bibel wird in Zürich und Wittenberg übersetzt und gedruckt (M 91 1 29).

16. Jh. n. Chr. Zeit der Glaubenskonflikte und Glaubenskämpfe (M 04 6 39).

1574 n. Chr. Drei Frauen werden in Baden (Schweiz) als Hexen durch Feuertod umgebracht (M 95 1 46).

1746 bis 1827 n. Chr. Lebenszeit von Heinrich Pestalozzi, Vater von Kriegswaisen (M 97 1 33).

1782 n. Chr. Dänemark verbietet als erster Staat die Sklavenhaltung (M 92 623).

1789-1795 n. Chr. Französische Revolution: Blindes Wüten und Morden (M 91 6 4).

1794-1848 n. Chr. Frankreich schafft die Sklaverei ab (M 92 6 23).

1842 n. Chr. Österreich führt ein Kinderschutzgesetz ein (M 00 5 50).

1845 n. Chr. Antisklaverei-Versammlung (M 03 6 45).

1846 n. Chr. Die Schweiz führt ein Kinderschutzgesetz ein (M 00 5 50).

Ab Mitte 19. Jh. n. Chr.
Als Reaktion auf das dogmatische Denken kirchlicher Autoritäten beginnt sich die Wissenschaft von der Religion abzugrenzen (M 06 4 29).

1863 n. Chr. Henry Dunant erreicht das europäische Zustandekommen für die Gründung des Roten Kreuzes (IKRK) (M 01 6 15f).

1864 n.Chr. Gründung des Roten Kreuzes IKRK (M 01 6 16).

1865 n. Chr. USA schafft die Sklaverei ab (M92 623).

1875 bis 1965 n. Chr. Lebenszeit von Albert Schweizer, Theologe, Philosoph, Musiker, Arzt und Gründer des Urwaldspitals Lambarene (M 04 1 12).

1914-1918 n. Chr. Erster Weltkrieg (M 92 4 24) (M 00 2 39).

20. Jh. n. Chr. Gewalttätiges Jahrhundert durch Kommunismus und Nationalsozialismus (M 94 4 26f./35).

1929-1968 n. Chr. Lebenszeit von Martin Luther King, amerikanischer Bürgerrechtler(M 00 2 15).

1933 n. Chr. Adolf Hitler übernimmt in Deutschland die Macht (M 01 3 39).

1939-1945 n. Chr. Zweiter Weltkrieg, 55 bis 62 Millionen Menschen verlieren ihr Leben; zirka 5 Millionen aller Juden werden durch die Nazis umgebracht (Holocaust) (M 03 1 41) (M 95 3 35).

D) Ab Ende Zweiter Weltkrieg.

Der Zweite Weltkrieg hat die Menschen in den stark kriegsbetroffenen Ländern zu grosser gegenseitiger Solidarität zusammen geschweisst.

Speziell in den völlig zerstörten Städten und Gebieten teilte und arbeitete man gemeinsam für Wohnmöglichkeiten, Verpflegungen, Hilfe für Kranke und Verletzte, sowie Unterbringung und Versorgung von in Not stehenden Kriegswaisen.

Die so geleistete grosse Solidarität war so gross wie nie mehr in den vorgängig verflossenen Jahrzehnten.

In noch fast kriegsverschonten Ländern, wie z.B. der Schweiz erlebte man einen erfreulichen starken patriotisch heimatlichen Zusammenhalt.

Und für den Fall, dass sich z.B. die Schweiz gegen einen kriegerischen Angriff erwehren müsste, bestand ein ausgeprägt- gemeinsamer Wehrwillen.

Doch sobald weitere Kriegsgefahren gerade nicht mehr zu erwarten waren und es den Menschen wieder besser geht, schwindet die gegenseitige Solidarität wieder.

Jeder ist sich bald wieder selbst der Nächste.

*»Es geht mir wieder gut,
wieso soll ich nun Anderen helfen?«*

»Und nun regt sich das Verlangen, stets etwas mehr zu haben, als ich im Moment brauche und schon habe!«

Das Kräftespiel von »Gut und Böse«
spielt wieder in vielen menschlichen Beziehungen.

Betrachten wir nun dazu, gemäss dem Thema

»Zwischen zwei Welten«,

Lebensbereiche und Geschehnisse,
in denen sich heute »Gut und Böse« begegnen.

Um das entsprechende Geschehen, und die Einwirkungen von guten, wie auch von schlechten Einflüssen so deutlich wie möglich zu realisieren; und uns wieder einmal eindrücklich bewusst zu machen, kann uns ein etwas umfangreicheres Eingehen auf verschiedene Gesellschaftsbereiche, und deren Kräftespiel zwischen positiven, sowie negativen Praktiken sicher nützlich sein. Deshalb erschrecken Sie nicht über die zahlreichen Aufzählungen und Erläuterungen vieler Lebensbereiche. Es umfasst auf den folgenden Seiten 81 bis 104 in Kapiteln 18.) bis 22.) eine Unmenge markanter Beispiele.

Wenn Sie diese vielen Beispiele nicht alle durchlesen möchten, ist das, zum lückenlosen Verständnis des gebotenen Buch-Inhaltes, nicht tragisch.

Hier sei auch wieder daran erinnert:
Positiv beurteilte Geschehnisse sind kursiv grün,
negative aber kursiv in Schwarz aufgeführt.

18.) Firmen und Gewerbe

- <u>Ladenverkäufe</u> :

- Aldi Altstätten : *Halbseitig gelähmte Frau kauft einen in Schachtel verpackten zusammen-bau-baren Rollator. Der Filialleiter setzt ihr diesen kostenlos zusammen (Ktipp Nr.18/2011).*

- Bosch Solothurn :
  Anstatt nur Reperatur liefert sie gratis einen neuen Rasentrimmer (Ktipp Nr.8/2013).

- **Cash-In-Kassa AG :**
  Schuldnerin läuft durch Unterzeichnung undurchsichtiger Schuldanerkennungs-Vereinbarung, zum Voraus nicht übersichtlich realisierbaren Hohen Zusatzzahlungen,« ins Messer« (Ktipp 9/2013).

- Casio Schweiz:
  Ersetzt trotz seit sehr lange abgelaufener Garantiezeit gratis Akku und Armband zur Pro-Trek-Solaruhr (Ktipp Nr.5/2013).

- **Fischverkäufe:** *Zur Erreichung einer grösseren Preisrendite werden Fische und Crevetten mit Wasser aufgepumpt und damit höhere Gewichte und Verkaufspreise erreicht. Wasserzugabe ist manchmal hinter der E-Nummer versteckt aufgeführt (Ktipp 9/2013).*

- *Havelaar Schweiz gewinnt den »Prix Ktipp« für fairen Handel (Ktipp Nr.5/2013).*

- *Interdiscount vergütet trotz gedecktem Garantievertrag nur die Hälfte der Reparaturrechnung, und dies nur in Form eines Warengutscheines (Ktipp 6/2014).*

- *Möbel Pfister :*
  ersetzt trotz abgelaufener Garantiezeit drei kaputte Stühle (Ktipp Nr.3/2014).

- *Enttäuschungen bei Möbelkäufen:*
  Verkaufsunzulässige Liefer-Verzögerungen, Falschlieferungen und verlorene
  Verkaufsunterlagen (Ktipp Nr. 3, 2014).

- *Spielwarengeschäft Bambi Schaffhausen :*
  Ersetzt diskussionslos verschwundenen Kaufgutschein (Ktipp Nr.7/2014).

- *Parkhotel Beausite in Zermatt verlangt keinerlei Entschädigungszahlung, nachdem ein Kunde wegen, mit Arztzeugnis bestätigten Rückenschmerzen, Hotelreservierung*
  kurzfristig absagt (Ktipp 6/2014).

- *Staubsauger-Firma »Robotics« überholte, trotz abgelaufener Garantiezeit, bei Radblockierung, kulenzweise gratis den kompletten Staubsauger (Ktipp 9/2013).*

- *Verpackung mit-bezahlt; viele Läden nehmen es beim Offenverkauf mit dem Abwägen nicht so genau (Ktipp Nr.3/2014).*

- *Krummes Gemüse bei Coop (Ktipp Nr. 14, 2013).*

- ***Wahli-Optik : Der grosszügige Optiker tauscht eine bei Wettbewerb gewonnene Damenbrille gegen ein bei ihm selbst ausgewähltes Herren-Markenmodul (Ktipp 14/2013).***

- **Versandfirmen :**

- *Telefonverkäufer der Versandgroup des Callcenters agieren mit falschen Gesundheitsversprechen (Ktipp Nr.18/2011).*

- **Banken :**

- *Ein UBS-Kunde wollte Geld am Bancomat einzahlen. Doch das Gerät funktionierte nicht richtig (Ktipp Nr.2; 2014).*
  Der Kunde erhielt zwar einen Beleg, musste aber trotzdem um sein Geld kämpfen.

- *Kundenschädigung durch Credit Suisse: Viele Bankberater sind blosse Verkäufer . »Beste Fachleute« bescheren einem Kunden happige Verluste (Ktipp Nr.7/2014).*

- *Credit Suisse bietet für Jugendliche »Viva Joung« an, bei dem gemäss entsprechenden Werbe-Informationen ein Kontoüberzug nicht möglich sei (Überzugsschutz).*
  Eltern von jugendlichen Kontoinhabern machen gegenteilige Erfahrungen.
  (Ktipp Nr.7/2014).

Hier zeigte sich einerseits menschlich ethisch, vorbildliches Verhalten,

aber andererseits leider auch moralisch, unrühmliche, z.T. unehrliche, oder gar rechtswidrige Geschäftspraktiken von Firmen bzw. Gewerbe.

Es ist überall der Mensch, der sich zwischen »Gut und Böse« zu entscheiden hat! --

----

19.) Fernsehen, Unterhaltungen, Medien

- **Fernsehen**

- *Durch die enorme Entwicklung des Fernsehen ist die Welt »kleiner« geworden. Es bietet praktisch fast zeitkonform in der ganzen Welt Informationen über grössere Geschehnisse auf unserer Erdkugel. Beliebt sind dabei Sendungen über Natur, Lebensarten der verschieden Völker unserer Erde, Tierwelt und Wissenschaft.*

  Die Wahl und Erstellung der Fernseh-Programme sind praktisch abhängig von der Grösse der Einschaltquoten. Das heisst, die Mehrheit der Zuschauer bestimmen dadurch, was im Fernsehen geboten werden soll.

  Die allgemeine Lebenseinstellung, damit auch des herrschenden Glauben-Verhaltens, und die Interessen zu Sportkampfarten, Spielfilmen, Krimis, Liebesromane, Okkulte Inhalte etc., beeinflussen damit zu sehr die Programmgestaltungen.

- ***Krimisendungen,***
  Die deutschsprachigen TV-Sender sandten an einem Tag zusammen über 37 Stunden nur Krimis (ça. 20% von »F«)
  (Siehe Anhang).

- **Geldgewinn-Spiele:**

  Fernsehgesellschaften mit Sendungen hoher Einschaltquoten bieten Rate-Quiz mit sehr immensen Einnahmerenditen an.

  Beispiele bei, »Einer gegen Hundert«, »Wer wird Millionär«, »Weniger ist mehr«, » Millionenfalle«, und Weitere. Der Fernsehzuschauer kann z.B. zu einer Frage von zwei Antwortmöglichkeiten auswählen; wobei eine für Jedermann absolut unpassend ist; also eine sicher richtig. Damit wird eine hohe Anrufquote, und eine hohe Einzahlrendite erreicht.

  Beispielmöglichkeit: Telefonanruf-Gebühr Fr. -.80; Kostenanteil der Gesellschaft Fr. -.20; Gewinn Fr. -.60. Bei z.B. 10'000 Anrufen resultiert eine Einnahme von Fr.6'000.-. Bei Gewinnzahlung an einen Ausgelosten von Fr. 500.- resultiert ein Gewinn von Fr. 5'500, ein Gewinn von 1'100%. Besteht hier für das Lotteriegesetz die notwendige Transparenz?--

- *»Schund-Romane« und «Spannung pur«: Die deutschsprachigen TV-Sender sandten an einem Tag zusammen über 27 Stunden nur spannungsorientierte Romansendungen. (ça.. 15% von »F«) (Siehe Anhang)*

- **Staren- und Prominenten-Verherrlichung:** *Das ständige Hervorheben, Bejubeln und teilweise übertriebenes Beschenken, der in Sport-, Film- und Schauspielerkreisen berühmt gewordenen Akteure, in Fernsehen und den öffentlichen Medien, suggerieren gerade bei der Jugend übertrieben anzustrebende Erfolgsziele.*

  In Film- und Schauspielerkreisen sind die dort herrschenden, zum Teil skandalösen Lebens- Geschichten, wie z.B. mehrfachen Scheidungen und Wiederverheiratungen ein schlechtes Vorbild für unsere Jugend, denen so diesbezüglich ein solches Lebensverhalten gar als erstrebenswert vordemonstriert wird.

- **Swisscom Handys:** *Swisscom manipuliert ohne Wissen der Kunden, mit heimlichen, kostenpflichtigem Update, Handys (Ktipp Nr.8/2013).*

- **Medien:** Zeitungen, Hefte: *Die Darstellungsfreiheit des Journalismus geht so weit, dass Übertreibungen und Vorspiegelung falscher Tatsachen als legal und kaum strafbar praktiziert werden. Dabei geht es um möglichst attraktives und sensationslüsternes Berichten, im Interesse möglichst hoher Zeitungs- bzw. Heftauflagen.*

- **Nachrichten;** *Parteieinseitige Darstellungen und Argumentationen.*

Falschinformationen in Produktwerbungen :

- *Das »Marktschreier-Portal«*

  Werbesendungen in Fernsehprogrammen:
  Viele Werbe-Aussagen und suggestive Darstellungen übertreiben, oder versprechen sogar nicht vorhandene Vorteile, und verschweigen mögliche Nachteile.

  Werbung im Fernsehen ist teuer und wird schlussendlich auf die Produktpreise abgewälzt. So bezahlt der Fernsehkonsument zusätzlich noch die Unwahrheiten?

  » Um die Meinung von Menschen für sich zu gewinnen greifen bestimmte Medien tief in die Trickkiste, sodass ein großer Teil der Menschen den Darstellungen, Angaben oder Gerüchten häufig mehr glaubt, auch wenn diese nachweislich falsch sind.«

- **Musik :**

  Ersetzen von schönen Musiksendungen durch übertriebene Pop-Musik, Open-Airs, lautstarken, mittelmässigen Schlagersängern, Aufführungen mit Dominanz von Schlagzeugen und Lichteffekten.

20.) Beruf und Familie

- *Ausbildungen :*

  Seit zirka zwei Jahrzehnten, nach Ende des Zweiten Weltkrieges, bieten sich, für spätere Jahre nach Austritt aus der obligatorischen Schulpflicht, wesentliche Erleichterungen für Weiterbildungen in verschiedenen Fachgebieten, so auch für Matur-Ausbildung.

  Familiär wird zum grossen Teil gegenseitig viel Hilfe und Unterstützung gegeben. Es sind es die Mütter, im Hausfrauenberuf, welche vorteilhaft ihren Kindern viel Liebe und wertvolle Erziehungshilfen geben.

  In Landwirtschaftsbetrieben können die Familien noch in verschiedenen Generationen zusammenleben. Jedes, ob jung oder alt kann darin noch irgendwelche sinnvolle Aufgaben erfüllen.

  Beruflich andere Interessen der Jungen bringen es mit sich, dass sie wegen weiter entfernten Arbeitsstellen aus dem Elternhaus wegziehen.

  Auch trennen sich die Jungen je länger je mehr von zu Hause, weil sie z.B. in der platzmässig beschränkten Wohnung der Eltern nicht die gewünschte, individuelle, persönliche Entfaltungsmöglichkeit sehen.

Sie suchen sich eine eigene Wohnung.
Das ist ihnen auch eher möglich,
da die Jungen heute verhältnismässig
wesentlich mehr verdienen, als dies vor
Jahrzehnten noch der Fall war.
So ist es unvermeidlich, dass sich
Junge und Alte auch auseinanderleben.
Meist geht es dann nicht mehr,
dass die Eltern im Alter zu den Jungen
in die Wohnung ziehen können,
und auf ein Altersheim angewiesen sind.

- **Anzahl Heiraten :**

Trotz laufender Bevölkerungszunahme
nehmen diese ständig ab (Schweiz).
Im 2009 waren es noch 41'918,
im 2012 nur noch 39'500 (Internet-Info).

- **Scheidungen :**

Die Anzahl von Scheidungen nimmt mit jedem
Jahr zu. So steigerten sich diese Anzahlen
zwischen den Jahren 2003 und 2013,
und bei einer durchschnittlichen Ehedauer
zwischen 14 bis 15 Jahren,
von 17'000 auf 19'321 Scheidungen,
dies trotz ständiger Abnahme von Heiraten.

- *Warum geschehen überhaupt Scheidungen?*
  Oft wird geheiratet, weil man entweder plötzlich über alle Ohren verliebt ist, und ein Zusammenleben rasch realisieren will.

  Solche kurzfristigen Heiratsentscheidungen geschehen z.B. oft bei Menschen, welche in ihren letzten Jugendjahren ein trautes liebevolles Zuhause vermissen mussten.

  Sie sehnen sich danach, selbst baldmöglichst, mit einer Partnerin, bzw. einem Partner, ein trautes Zusammenleben aufzubauen.
  Dies geschieht dann meist unmittelbar nach kurzer Bekanntschaft.
  Man kennt sich aber noch viel zu wenig,
  und denkt nicht darüber nach,
  wie sich das Zusammenleben auf Grund von stark verschiedenen Lebensvorstellungen und Tätigkeitsinteressen entwickeln kann.
  Dies, weil »Liebe blind macht!« --,
  oder weil unerwarteter Weise ein Kind erwartet wird.

  Bei Scheidungen von Familien mit Kindern, sind dann die Kinder meist die am schwersten in Mitleidenschaft geratenen.
  Sie werden dann meist einem Elternteil zuständig zugeordnet.

Ein trautes familiäres Zuhause ist dann meist nicht mehr möglich. Der Elternteil, dem dann die Kinder zugeordnet sind, muss dann fast immer als Alleinerzieher auch allein für den sozialen Unterhalt der Familie besorgt sein; das heisst einem täglichen beruflichen Verdienst nachgehen.

Deren Kinder sind dann meist sich selbst überlassen. Ausser Hause suchen sie sich dann Kontakte zu ebenso gelagerten Gleichaltrigen. Die notwendigen elterlichen Betreuungen und Erziehungshilfen können nicht mehr genügend wahrgenommen werden, was oft zu Fehlentwicklungen der Kinder führt. Ihr soziales Verhalten ist dann meist schon gestört. Spätestens nach gesetzlicher Mündigkeit wollen sie sich oft ein eigenes Zuhause aufbauen. So binden sie sich rasch. Der Kreislauf einer zu frühen Heirat schliesst sich wieder, und die Gefahr einer baldigen Scheidung ist schon wieder vorprogrammiert, ein Teufelskreis! --

- ***Internet-Partnersuchbetrüger :***

Ein Partnersuchbetrüger hat sieben Frauen rund 250'000 Franken abgenommen (Ktipp Nr.8/2013).

- **Sexualität:**

Sex wird immer häufiger lediglich aus reiner Lustbarkeit praktiziert, ohne dass dabei eine dauernde Freundschaft, oder gar eine spätere Heirat gewünscht wird.
Wenn es dann, sei es aus Unvorsichtigkeit oder gar Gleichgültigkeit, zu einer Schwangerschaft mit unabwendbarer Kindsgeburt kommt, dann ist ein Verlauf wie unter dem Kapitel »Scheidungen« vorprogrammiert.
Meist entsteht dann dabei die Situation eines allein erziehenden Elternteils, vorwiegend durch die Kindsmutter; oder ein Kind wird in ein Heim abgeschoben.

- **Jugendgewalt :**

Soziale Kluft führt zu mehr Jugendgewalt. Dies zeigt sich speziell in Gemeinden mit vergammelten Quartieren, wo die sozial benachteiligte Bevölkerung lebt.
Dort sind die Schulen schlechter und randständige Jugendliche streunen auf den Strassen umher, konsumieren Alkohol und Drogen. Prügeleien sind normal.

Wird nicht gehandelt, verschärft sich die Gewaltproblematik weiter (20minuten/25.04.2014).

21.) Umwelt / Sport / Staat / Wirtschaft

- Natur und Umwelt:

- **Zerstörung und Schutz der Regenwälder:**

Einerseits werden Regenwälder rein aus industriellem Gewinn rigoros, und ohne Rücksicht auf die dadurch verheerenden Zerstörungen der vielfältigen Wald- und Tierwelt unersetzlich abgeholzt.

In Südamerika wird an Ufern grosser Flüsse des Regenwaldes Gold gewonnen.
Für die Gewinnung von 1 kg Gold wird 1 kg Quecksilber benötigt, das deren Flusswasser vergiftet.

Ähnlich rigoroses, Natur schändendes Vorgehen im grossen Umfange findet noch in vielen Gebieten Amerikas und Afrikas, und auch in Europa und Asien statt.
Hauptsächlich Umweltschutzverbände haben, unter teils grossen Bemühungen und Opfern, vielerorts erreicht, dass manche Regenwälder und weitere wertvolle Naturgegenden, als Schutzgebiete erklärt worden sind.

Oft werden in Berggegenden durch zu grosse Rodungen Bergsturzgefahren verursacht.

In den Alpen gibt es seit Jahren geschützte Nationalparks.

- **Verkehr :**

Sehr häufige Missachtung der Verkehrsgesetze;
Autofahrer welche andere drängen,
und welche die rasen (»Raser-Rausch«).

»Zeige mir wie Du Autofährst,
und dann weiss ich wer Du bist!«

• Sport:

- **Allgemeiner Volkssport:**

Die Bestrebungen für einen gesunden Volkssport sind sehr gefördert worden. Schon in der Schule wird der Sport bereits durch das Schulfach Turnen angeregt.

In den höheren Schulklassen wird, für eine sportliche Betätigung nach dem offiziellen Schul-Stundenplan, der freiwillige Schulsport angeboten. Dieser wird in der Regel meist durch »J+S«- Sportleiter geführt. Schweizerisch gibt es das »Jugend und Sport«-- Programm »J+S«. Darin werden die J+S-Sportleiter ausgebildet, abgestuft in Leiterkategorien I - III.

Die meisten Sportvereine führen auch Jugendgruppen, die von »J+S«-Leitern geführt und dazu schweizerisch finanziell unterstützt werden.

Der Schweizerische Schwimmverband stellt für die Jugend ein spezielles Schwimmschul-Programm zur Verfügung, bei dem es für abgestufte Prüf-Schwierigkeitsgrade entsprechende Testabzeichen gibt.

Diese Schwimmschulen werden meist durch die örtlichen Schwimmklubs durchgeführt.

Die SLRG:

(Schweizerische Lebensrettungs-Gesellschaft) führt neben einem Lebensrettungs-Jugend-Programm mancherorts ebenfalls Schwimmschulen durch.

Im Bereich des gesunden Volkssports werden in verschiedenen europäischen Länder ebenfalls diverse Jugendsport-Programme, in ähnlicher Weise, angeboten.

- **Spitzensport:**

Der Spitzensport beinhaltet leider viele sehr unfallgefährdete Sporttätigkeiten und Sportwettkämpfe.

Hierzu motiviert nicht mehr nur die Freude und der gesundheitliche Aspekt einer sportlichen Tätigkeit, sondern vielmehr ein ehrgeiziges Gewinnstreben, vorwiegend verbunden mit finanziellem und öffentlichem Erfolg.

Für entsprechende Sportveranstalter, bzw. Vereine geht es nur noch um Geld, zum Teil um Millionen oder gar Milliarden.

Am extremsten ist dies beim Fussballsport! – Dessen Ziel des finanziellen und persönlichen Gewinnerfolges führt zu einem Erfolgsdruck. Damit wird die Unfallgefahr bei den Aktiven wesentlich erhöht.

Statistik:

>> Jedes Jahr werden rund 45'000 Fussballer durch Verletzungen zum Zuschauen gezwungen <<
(»Sprechstunde Doktor Stutz« Nr.2/2014).

Bei Ski-Abfahrtsrennen, Skispringen, Motorradrennen oder Boxen, als Beispiele, besteht stets extrem schwere Unfallgefahr. Überaus stark werden solche Sportarten durch das grosse Zuschauer-Interesse, mit entsprechend gut zahlenden Besucherzahlen gefordert. Die Besucher wünschen sich nur Spannung pur (Nervenkitzel) und sind damit meist einseitige, oft gar fanatische, Fans eines der beteiligten Sportvereine oder Länder-Vertretungen.
Solche Sportwettkämpfe haben mit einem gesunden Volkssport nichts mehr zu tun.
Mit den vielen Unfällen belasten sie lediglich Ärzte, Spitäler, Krankenkassen und ganz allgemein die Volkswirtschaft.

Die deutschsprachigen TV-Sender sandten an einem Tag zusammen über 17 Stunden nur Spitzensportberichte **(ça. 10% von »F«)**.

- Staat:

- **Bundesbetriebe :**

Chefs verdienen mehr als ein Bundesrat. Ein Bundesrat verdiente (Stand 01.01,2013) inkl. Repräsentationszulagen, Spesen und Sozialleistungen Fr. 474'718.- im Jahr.

Geschäftsführer in Bundesbetrieben verdienten im 2012 zwischen Fr. 509'782.—bis Fr. 1'831'000.--. Übrige Mitglieder der Geschäftsleitung bis zu Fr. 1'016'838.—(Ktipp 14/2013).

- **Beamtenhoheit:**

Beamte sind meist indirekt oder direkt vom Volk gewählt. Leider vergessen dies oft solche Beamte, und verhalten sich dann gerne sehr autokratisch gegenüber Amtsbesuchern.

- **Politik:**

- *In vielen Parteiprogrammen geht es um Macht und einseitige Interessensvertretung.*
- *Die Mächtigen beanspruchen die Bodenschätze für sich.*

- *Arme werden ärmer, Reiche immer reicher.*
- *Korruption und unsolidarischer Eigennutz bei manchen Herrschern oder Regierungen.*

- **Post / Telefon:**

- *Fehlende Transparenz .*
  Sie beziffert für 2013 einen Gewinn von nur 626 Millionen Franken, anstatt den tatsächlichen Gewinn von1751 Millionen Franken (Ktipp Nr,7/20134).

- *Einseitige Rekord-Gewinnpolitik statt der eidgenössischen Pflicht eines »Service Public« (Ktipp Nr.5/2013).*

- *Telefon-»Abzockerei«der Firma Friedrich Müller KG, mit betrügerischen Gewinnversprechen (Ktipp Nr.5/2013).*

- **SBB :**

- *Nach Funktionsfehlern bei Billet-Abstempelungsgeräten (teilweise verwischte Aufdrucke, oder Abknickung der Führungs-Ecke) beschuldigt und kriminalisiert die SBB unschuldige Jugendliche (Ktipp Nr.8/2013).*

- **Verkehrsbüros :**

- Hotelplan Suisse :

  Verweigerung, oder unhaltbare Verzögerung (in Warteschlange) bei Rückzahlungen von Finanzguthaben (Ktipp Nr.7/2014).

- **Vereinsrecht:**

  In der Schweiz regelt das ZGB (Zivilgesetzbuch) das Vereinsrecht.

  In vielen, hauptsächlich örtlichen Vereinen, wird fast immer gegen das Vereinsrecht verstossen.
  Ein überaus markantes Beispiel zeigt sich bei der Anwendung von Akklamationen anstatt rechtlich zählbaren Abstimmungen.

  Vereinspräsidenten oder Vorstände verfahren oft, dieses Vereinsrecht ignorierend, diktatorisch gegen den Verein.
  Wortmeldungen oder gar Klagen dagegen bleiben fast immer aus, denn man steht ja örtlich auch in anderen Kontaktabhängigkeiten!

  Und :

  »Wo kein Kläger ist, ist auch kein Richter«!

- Wirtschaft :

- **Versicherungen :**

- *Wuchergewinne bei Sozialversicherungen.*

  Milliardengewinne bei Pensionskassen:
  Im 2013 erwirtschafteten sie 6,2 % Rendite; in die Altersguthaben gehen nur 1,5 % . Gemäss Gesetz müssen die Pensionskassen die Altersguthaben verzinsen.

  Aber Pensionskassen praktizieren trotzdem »Zinsklau«, den das Bundesgericht nur bei Klage stoppen kann (Ktipp Nr.7/2014).

- *Lästige Umtriebe mit Policen ;*

  Siehe auch Ktipp Nr.20/2013 (3a-Police? » 6-mal Nein!«

- **Managerlöhne :**

- *Pharmaunternehmen Galenica:*
  Ein Verwaltungsratspräsident kassierte 2012 knapp 4 Millionen Franken.
  Das Verhältnis vom niedrigsten zum höchsten Lohn in der Firma beträgt 1:72.
  Wenn ein einfacher Angestellter eine Stunde lang arbeitet, verdient er Fr.25.--.
  Der betreffende Verwaltungsratspräsident arbeitet dafür nicht einmal eine Minute (Ktipp Nr.3/2014).

- **Stromversorgung :**

- *Zum Teil verrechnen Stromlieferanten, mit einem »Jammern auf sehr hohen Niveau« zu hohe Solar-Strompreise (Ktipp Nr.3/2014).*

- **Swissair :**

- *Bei der Swissair-Pleite erhielten, bei der Auflösung deren Pensionskasse, ehemalige Angestellte durch Ungleichbehandlungen zu wenig Geld (Ktipp Nr.5/2013).*

22.) Öffentliche Einrichtungen

- Krankenpflege

- **Medizin :**
  Durch wissenschaftliche Anstrengungen von ärztlichen und medizinischen Fachleuten hat die Medizin eine unerwartet, vielseitige Entwicklung erfahren.
  Dies trägt auch wesentlich dazu bei, dass das Durchschnittsalter der Bevölkerung laufend steigt .

- *Ärzte verhindern die offizielle Informationspflicht und ignorieren das »Patienten-Rechnungs-Informationsgesetz« ; (Ktipp Nr.7/2014).*

- **Spitäler**

- *Spitalpersonalverträge contra Krankenpflegebedürfnisse.*

- *Hilfe an Behinderte :*

  Auf Grund erfreulicher Initiativen von Hilfsverbänden hat sich vielerorts eine enorme Entwicklung, zugunsten von guten, angepassten Wohn-, sowie umfangreichen Bildungs- und Arbeitsstätten, ergeben.

• Schulen :

- **Schulprogramme:**

- *Sonderklassen :*

  Die Einführung von Sonderklassen für Kinder, welche in ihrer Entwicklung zurück geblieben sind, oder allgemeine Auffassungs- und Lernprobleme haben, wirken sich erwartungsvoll positiv auf deren Entwicklung aus.

- **Grundschulen:**

Die Schulprogramme der Volksschule sind fast ausschliesslich nur für später aufkommende, erwerbsbedingte Berufsbedürfnisse ausgerichtet. Dies sind die Fächer wie »Lesen«, »Schreiben«, »Rechnen«, »Geschichte«, »Geographie«, »Physik«, »Chemie«, »Naturkunde« etc.

Fächer wie z.B. »Soziologie«, »Menschlichkeit«, »Ethik«, »Gesundheitspflege«, »Suchtprobleme« sind kaum vorhanden.
Solche werden, soweit zeitlich überhaupt möglich, auf eigene Initiative einer Lehrkraft durchgeführt.

Im Zusatzfach »Religion« wird, je nach Konfession, lediglich Religions-Geschichte, und konfessionell kirchliche Regeln und Verhalten geschult.
Der tiefere Sinn eines göttlichen Glaubens und des menschlichen Lebens werden kaum behandelt.

E) Menschliche Ethik früher und heute

23.) Kirche / Christlicher Glaube

Christus sagte zu Petrus:
»Du bist der Fels, auf dem ich meine Kirche bauen will.«

Petrus, der Fels? Für die Geister Gottes bedeutete das, dass Petrus so stark sei in seinem Glauben.
Und auf diesem Glauben sollte die Kirche gebaut werden, die verbindet mit dem Erlöser, mit Gott.
(GW50/1959) Siehe auch **Mat. 16,18.**

Als Kirche bezeichnet hier Christus den festen Glauben, so wie ihn Petrus hatte! –

>> *Diese Worte sind so vielerorts ganz falsch ausgelegt worden und es ist teilweise auch nicht auf Fels gebaut worden.* Was aber Christus mit diesen Worten sagen wollte und was diese Worte für Bedeutung hatten und noch haben, dies möchte ich euch erklären.

Der Fels bedeutet den festen Glauben, den Petrus hatte, und hier mit diesem Glauben, den Petrus an ihn und Gott hatte, wollte Christus aufbauen.

Eine Kirche Gottes, die Christus gemeint hat,
wo alle Völker darin Platz nehmen können.

Denn es gibt nur einen Gott, liebe Freunde, und keine Gemeinschaft der Erde hat das Recht,
sich besondere Gnaden zuzusprechen,
dass sie eine besondere seligmachende
Gemeinschaft sei << (GW5/1950).

>> Wir verweisen Euch auf das Vorbild der ersten Christengemeinden. Da war einer der Vorsteher,
zu dem man Vertrauen hatte, und zu dem man ging und ihm die eigenen Fehler gestand.

Es war ein anderes Verhältnis als heute, man versuchte mit dem besten Willen seine Fehler zu überwinden. Brachte man es nicht allein fertig, suchte man diesen Vertrauensmann oder eine solche Vertrauensschwester auf und klagte sich an. Diese waren gottbegnadigte Menschen und konnten den Weg sehen, den der Ratsuchende gehen muss. Sie konnten so den richtigen Trost geben, wie auch gestrenge Worte, wenn es sein musste. Sie vermochten zu raten, wie der Fehler am besten abgelegt werden konnte << (GW11/1961).

Zum Thema Auferstehung steht in **Joh. 5,28 :**

>> Denn die Stunde kommt, in welcher alle, die in den Gräbern sind, seine Stimme hören und hervorgehen werden, die das Gute getan haben, zur Auferstehung für das Leben; die das Böse verübt haben, zur Auferstehung für das Gericht <<..

Dazu kann folgendes gesagt werden:
Bei so vielen Bibelstellen sind durch Abschreiben und Übersetzen in so viele Sprachen, da und dort ein Wort weggelassen, und da und dort ein Wort dazu genommen worden.
Auch hatten Menschen diese Worte oft nicht verstanden (und nach ihrem Gutdünken interpretiert).
Dazu gibt der Geist der Wahrheit folgende Erklärung:

Kor. 15,42

>> Der Mensch ist gesät in Verweslichkeit und auferstehen wird er in Nichtverweslichkeit;
denn das Fleisch wird zergehen, du bist von Staub und Asche und wirst wieder zu Staub und Asche.

Doch der göttliche Funke, der göttliche Kern, der dem Menschen gegeben ist, der besteht ewig und kann nie verwesen, er ist unverweslich, es ist der Funke Gottes, und dieser wird auferstehen.
Entweder wird ein solches Wesen (das nicht gut gelebt) in die Tiefe gesandt und wird dort auferstehen oder -- wenn ein Mensch gut gelebt hat, so wie ich euch gesagt habe, wird er nicht aus diesen Gräbern auferstehen (damit sind die unglücklichen Seelen der Tiefe gemeint); denn diese Wesen sind (gleich nach dem Tode) in verschiedenen Sphären der geistigen Welt eingeteilt, und sie werden gerichtet schon sehr bald nach ihrem Eintreffen in der geistigen Welt << (GW28/1950).

>> Wie weit aber ist es gekommen mit der christlichen Lehre, mit dem Glauben an die Auferstehung?
Wie lange wird es noch dauern, wie viel Kämpfe werden sich noch abspielen, bis sich dieser Glaube wieder durchgesetzt hat.
Welche Erniedrigungen müssen diejenigen noch hinnehmen, die diesen Glauben bewahren.
Es wird für viele eine harte Prüfung sein.
Aber es wird die Zeit und Stunde kommen,
da der Geist der Wahrheit sich durchsetzen wird,
so wie Christus ihn versprochen hat.
Alles mag auf Erden vergehen, aber Christi Worte werden nicht vergehen. Und es wird die Zeit kommen, wo man sich auf den Weg macht, diese geistige Sprache etwas besser verstehen zu lernen << (GW20/1968).

Joh. 3,5 besagt:

»....Wenn jemand nicht aus Wasser und Geist geboren wird, kann er nicht in das Reich Gottes kommen.«
Die Geistige Welt erklärt uns dazu:
>> Seht, auch dies wurde von den Menschen nicht verstanden. Das lebendige Wasser bedeutet Christus, Christus ist der lebendige Quell.
Von diesem lebendigen Quell muss der Mensch trinken.
Christus bedeutet das reine Wasser, den Quell.
So muss wiederum jeder Geist, der einverleibt wird,
die Lehre Christi annehmen. Er muss Christus anerkennen, so nimmt er vom Wasser aus diesem Quell.

Und wenn er es nicht tut, wird er wiedergeboren.
Nimmt er aber von diesem Quell, so wird er geläutert und wird zu einem Heiligen Geiste << (GW40/1952).

>> Denn man darf nicht vergessen, was ein Mensch im Leben verschuldet, indem er andere Menschen in ihrem geistigen Aufstieg behindert; das wird in der Gotteswelt nicht so ohne weiteres einfach übergangen.

Die Geisteslehre, die den Menschen gebracht wird,
ist der Ewigkeit entnommen und verträgt es nicht,
nach menschlichen Überlegungen verfälscht zu werden
<< (GW12/1973).

>> Doch auch dann, wenn man es ihnen erklärt, dass sie von der Gotteswelt herstammen, gibt es noch Menschen genug, die nicht daran glauben wollen. Sie sind dann eben abhängig von der irdischen Kirche, die unter menschlicher Herrschaft steht, die gestützt wird von ihren Dogmen. Diese ist nicht die geistige Kirche Christi, die unter der Herrschaft Gottes steht.

Denn die wirkliche Kirche Christi untersteht nicht
dem Patronat der Menschen,
sondern einzig und allein unter Gottes Herrschaft.

Und der ganze Reichtum dieser göttlichen Kirche ist das Wort Gottes. Dieser geistige Reichtum ist der wirkliche, denn er ist nicht vergänglich.
Kein irdischer Reichtum hat Platz in der Kirche Gottes.

Nicht zu Museen oder Ausstellungsräumen sollen die Kirchen gemacht werden, sondern Lehrstätten, wo Gottes Wort, Gottes Ordnung und Gesetze den Menschen erläutert werden; wo ihnen der Unterschied gezeigt wird zwischen dem ewigen und dem vergänglichen Leben, zwischen den ewigen und den vergänglichen Werten, zwischen den menschlichen und den christlichen Pflichten. Darüber soll der Mensch belehrt werden in der wahren Kirche Christi << (GW25/1973).

Sehr deutlich zeigt sich die wahre Haltung zu echtem Gottesglauben im Verhalten und der Vorstellung beim folgenden Thema »Sterben«.

24.) Thema: »Sterben«

Die göttliche Bestimmung und alleinige Zuständigkeit Gottes über Leben und Tod, über Geburt und Sterben, wird von Menschen und entsprechenden Organisationen achtlos vergewaltigt.

Da wird einerseits oft mit Hilfe der grossen medizinischen Errungenschaften ein menschliches Leben apparativ künstlich verlängert, obwohl man erkennt, dass keine Heilung mehr möglich ist, und ein normales Sterben unausweichlich in Kürze bevorsteht.
Ein normalerweise nicht mehr abwendbares Sterben steht dann im Willen Gottes, und sollte nicht nur noch künstlich, z.B., über Wochen oder gar Monate hinaus verhindert werden.

Es ist für uns kaum nachvollziehbar, was für ein seelisches Leid einem Menschen zugefügt wird, in einem zum Sterben gezeichneten Körper, gefangen sein zu müssen, ganz speziell dann, wenn der Betroffene nicht mehr voll bei Bewusstsein ist. Ein derartiges Vorgehen ist ein Verstoss gegen göttliches Gesetz!

Andererseits mehren sich Bestrebungen für eine eigene Bestimmung zum Tod (Freitod). In der Schweiz kennt man hauptsächlich die Sterbehilfen-Organisationen

»Sterbehilfe Exit« und »dignitas sterbehilfe.ch«.

Diese propagieren die Berechtigung zum Freitod.
Dazu wird argumentiert, dass es einerseits Menschen gibt, die, obwohl gesund, aber des Lebens müde sind und deshalb den Freitod wählen.
Auch werden diejenigen Menschen erwähnt, welche sich wegen unheilbaren, oder schweren, zum Teil schmerzhaften Krankheiten, den Freitod wünschen.

In all diesen Fällen wird über ein fundamentales,
göttliches Gesetz verstossen,
das allein zuständig ist über Geburt und Sterben.

Obwohl es verständlich ist, dass eine sehr schmerzvolle, oder enorm lange andauernde Krankheit oft kaum mehr erträglich ist, muss man sich der entsprechenden Zuständigkeit Gottes bewusst sein.

Es wird wohl sein, dass auch eine kaum erträgliche Krankheit einen tieferen Sinn hat, auch wenn wir dies im Moment nicht verstehen können. Stände kein tieferer Sinn dahinter, hätten wir es mit einem willkürlichen und ungerechten Gott zu tun.

Ein Freitod in derart schlimmsten Krankheitsfällen wird in göttlicher Beurteilung sicher im Sinne mildernder Umstände Rechnung getragen!

Hierzu eine öffentliche Stellungnahme des Kirchenrates des Kantons Zürich. Zürich, 9. Februar 2000

>> 1. Aktive Sterbehilfe widerspricht dem Tötungsverbot und wird darum von uns abgelehnt.

Wir verurteilen andere Positionen nicht, vertreten aber die Ansicht, dass entsprechende Handlungen wie bisher strafrechtlich verboten sein sollen.

Allerdings sollten die bestehenden Möglichkeiten der passiven und indirekten Sterbehilfe so weit als möglich genutzt werden.

Deren rechtliche Regelung könnte ein Weg dazu sein.

2. Eine Mitarbeit als »Sterbebegleiter oder -Begleiterin« bei Exit oder ähnlichen Organisationen ist mit dem Beruf und den Aufgaben des Pfarrers und der Seelsorgerin nicht vereinbar.

Beihilfe zum Suizid ist kein Bestandteil der pfarramtlichen Tätigkeit.

3. Wichtig ist uns eine gut entwickelte Kultur des Sterbens: Sterbende sollen den letzten Lebensabschnitt von respektvollen Beziehungen getragen gehen können.

Angehörige sollen die Zeit des Leidens und Sterbens begleitet mittragen können, und schliesslich die Möglichkeit haben, von ihren Toten gebührend Abschied zu nehmen.

Pflegende, Behandelnde, sowie Pfarrer und Pfarrerinnen sollen einerseits fachliche Kompetenz, und andererseits genügend Zeit und angemessene Infrastrukturen haben,
um sich Sterbenden widmen zu können. >>

Beides, nur künstliche Lebensverlängerung

eines sterbegeweihten Körpers,

wie auch der Freitod,

sind schlimme Verstösse gegen göttliche Gesetze.

Beide bezeugen einen unverzeihlichen

Unglauben gegenüber Gott! --

Ein weiteres Beispiel falschen Gottesglaubens zeigt uns das Gebiet der Esoterik.

25.) Esoterik

Ein Grundmerkmal der Esoterik ist
die Auffassung zum Begriff Gott.

Gemäss ihr ist Gott keine Persönlichkeit, sondern einfach die höchste bestehende Schwingung.

Damit gibt es für sie auch keinen Sohn Gottes, Christus; da ja Christus stets von Gott als seinen Vater gesprochen, und mit dem er stets Gespräche gehalten hat.

Aber es gibt Esoteriker/innen welche Maria, als Mutter Gottes anbeten. Wie kann es denn eine Mutter Gottes geben, wenn Gott nur eine Schwingung ist? –

Damit erklärt die Esoterik, dass die von der eigenen Seele rührenden Kräfte aus ihr selbst erzeugte Kräfte seien.

Sie verneinen die Tatsache, dass solche Kräfte von Gott kommen, und unsere Seele lediglich der Transmitter sein kann, über die uns diese Kräfte zugeführt werden..

Typisch für die Esoterik sind Okkulte Praktiken, wie: Orakelwesen, Wahrsagerei, Spiritismus, Magie, Kartenlegen, Pendeln, Wünschelrute, Bleigiessen, Edelsteintherapien und Weiteres. Okkultismus, Magie und Wahrsagerei waren schon in alttestamentlicher Zeit arg verurteilt.

Der Esoteriker glaubt an ein Weiterleben nach seinem Tode in unserem oder einem anderen Universum mit wunderbaren Aufgaben.
Damit gibt es für ihn weder ein Jenseits in einer göttlichen Engelswelt, noch ein Jenseits in einer satanischen Welt.

Er ist sich auch nicht bewusst, dass Antworten mittels Orakelwesen, Wahrsagerei, Spiritismus, Pendeln und Kartenlesen aus der niederen Geisteswelt kommen, aus einer Welt, wie die wahre Geisteslehre mahnt:

»**Nichts weiss**«. Dies bedeutet ein Nichtwissen über:

»Warum sind wir hier«, »Wo liegt die Ursache?«, »Bedeutung der Engelswelt, dem göttlichen Jenseits«.

Es zeigt wie verheerend fehlendes Wissen um Gottes Wahrheiten und dessen Führung der Menschen, und wahrer Sinn von Schicksalen, sich auswirkt.

26.) Ohnmacht des heutigen Christentums

>> Betrachtet die Christenheit der heutigen Zeit. Sie in ihrer Ohnmacht zu sehen, ist zum grossen Leidwesen Gottes.

Ist es doch von so grosser Bedeutung, dass die wahre Kirche Christi sich auf dieser Erde entfaltet, dass an ihr weiter gebaut werden kann.

Die wahre Kirche Christi muss eine Lehrstätte Gottes sein und zugleich eine Stätte der Erbauung, des Erlabens.

Man muss sich in dieser Lehrstätte glücklich fühlen, für sie zu arbeiten und zu wirken. Denn die Menschen auf dieser Welt sind noch so weit entfernt von Gott.

Denn diese Unehrlichkeit, diese ihre Herrschsucht und diese Kriege führen die Menschen von Gott weg.<<

Wenn wir heute in das Weltgeschehen blicken, spüren wir die finsteren Kräfte in allen Bereichen.

Sie werden in diesem Jahrhundert noch voll wirksam.

>> Gott näherkommen heisst, mit seinem Denken und Wollen eins werden, ihn kennen und erfassen lernen in seiner Güte, in seiner unendlichen Liebe, in seiner grossen Nachsicht; erkennen, was sein Wille ist, das sollten die Menschen.

Solange der Materialismus überall auf dieser Welt seine Blüten treibt, bewegen sich die Menschen weg von Gott, statt in seine Nähe << (GW25/1973).

Ohne die wahre Glaubens- und Geisteserfahrung sind wir Menschen nicht in der Lage dem Materialismus und Kapitalismus entgegen zu steuern, und uns über dass wahre Lebensziel, und was auf uns wartet wertvolle Gedanken zu machen.

Mat. 6,33; Luk. 12,31:
Du sollst zuerst nach dem Reiche Gottes trachten.
Liebe deinen Nächsten wie dich selbst!
Mat. 19,19; 22,39; Mark. 12, 28-31; Luk. 10,27

»…wer dich auf den rechte Backen schlägt, dem biete auch den andern dar …« **Mat. 5,39; Luk. 6,29.**

Mat. 5,44; Luk. 6,27/35 Liebet eure Feinde, tut Gutes denen, die euch ein Leid angetan.

Joh. 6,54 besagt:
»Wer mein Fleisch ist und mein Blut trinkt, hat ewiges Leben, und ich werde ihn auferwecken am jüngsten Tage.«

>> Die Bedeutung dieser Worte besagt:

Ja, sehet liebe Freunde, Christus hat auch so viele Bilder den Menschen gegeben, und die Menschen haben all seine Worte so sehr in materieller Weise verstanden.

Wenn Christus gesagt hat, dass er sein Blut und sein Fleisch darbiete und es aufgenommen werden müsse, so war damit nicht Blut und Fleisch seines Körpers gemeint.

Christus bildet wohl einen Leib.
Im geistigen Sinne ist dieser Leib zu verstehen << (GW40/1952).

Mat. 10,38; 16,24; Mark. 8,34; 10,21; Luk. 9,23.
Die geistige Welt erläutert dazu:

>> Diejenigen, die das innere Christentum pflegen, wissen um die Bedeutung der Worte Christi:

»Nimm dein Kreuz auf dich und folge mir nach.«-

Es heisst: Harre aus in deinem Leide, sei deinem Nächsten ein Beispiel an Duldsamkeit, zeige ihnen, wie du das Leben bejahst, belehre sie, dass es der Wille Gottes sein kann, dass du vielleicht schwer durchs Leben musst, so wie es auch sein Wille war, dass Christus diesen schweren Weg gegangen ist << (GW37/1956).

>> Heute sind die Lehren der christlichen Kirchen so voneinander abweichend, dass der Gläubige darüber nicht mehr sicher ist, was er denn glauben soll. Da wird dieses verkündet, dort jenes, und es gibt keine Über-Einstimmung mehr in der LehreChristi.
Man versucht mit aller Klugheit herauszureden und tut so, als ob es doch eine Einigkeit gäbe.

Die gibt es aber nicht; es ist keine Einheit des Glaubens vorhanden. Man könnte mir entgegnen, man hätte ja auch keine absolute Gewissheit, dass das, was ich euch lehre, der Wahrheit ganz entspreche, man hätte keine Beweise dafür.

Ja, hier muss ich dem entgegnen:
Jeder Gottgläubige besitzt in seinem Innersten seine eigene wahrhaftige Kirche Gottes.
Und diese wahrhaftige Kirche Gottes ist lebendig.

Sie wird geführt, geleitet, gesteuert von oben.

Wie ist dieses möglich?

Wir sprechen doch von der Kostbarkeit der menschlichen Seele,
als dem Unvergänglichen im Menschen,
was den Menschen zu Gott bindet, worin Gott und Christus Wohnung nehmen möchten, wie es heisst.

Und das bedeutet:

Die Herrschaft Gottes oder Herrlichkeit Gottes, **oder Führung Gottes,**
wird in die Seele des Menschen übergeleitet.

Darum sprechen wir von
einem göttlichen Bewusstsein. Göttliches trägt der Mensch in sich, und dieses Wahrhaftige verbindet ihn mit Gott << (GW29-30/1973).

27.) Geistige Führungen

>> Schon so oft ist es auch euch so ergangen, dass ihr blitzschnell einen Gedanken erhalten habt, dass ihr gedrungen wurdet, irgendwelche Worte aus zu sprechen, und ihr fragtet euch:

Wie bin ich nur dazu gekommen,
dieses zu sagen oder so zu handeln?

Wenn ihr auch diese Welt (jenseitige geistige Welt) nicht sehen könnt, erahnt oder erfühlt ihr sie doch immer in eurem Leben. Und wie mehr ihr euch anstrengt, -- oder ich könnte sagen: Je nach eurem Verhältnis zu Gott stehen euch erhabene Engel zur Seite, euch im Leben zu führen << (GW19/1953).

28.) Mediale Gabe

>> Diese war vor Christi viel häufiger zu finden bei den Menschen. So konnten sie dementsprechend mehr in Verbindung sein mit den Geistern. So waren gute Menschen mit guten Geistern in Verbindung, und schlechte Menschen öffneten die Wege zu den schlechten Geistern. So gab es zu Moses Zeiten bis zu Christus und darüber hinaus diesen Götzendienst.
Es gab mediale Menschen, deren Kräfte so stark waren, dass sie viele Dinge vollbringen konnten, die heute nicht mehr in dieser Weise hervorgebracht werden können von Menschen. Denn die Menschen von heute haben sich zu sehr von der geistigen Welt abgewendet.

Und wenn ihr euren Bekannten und Verwandten sagt, dass ihr an Geister glaubt, so schauen sie euch ganz verwirrt an und glauben, dass ihr nicht mehr ganz gesund seid. Ja, früher hatten alle Menschen an die Verbindung mit der geistige Welt geglaubt.

So ist es der Mensch selbst, der die Mauer erstellt hat zwischen sich und die geistige Welt.

Jene geistgläubigen Menschen von früher wurden, wenn sie gut waren, auch für grosse Werke inspiriert. So auch zum Beispiel, wie sie die Pyramiden zu errichten hatten, oder für mathematische Erkenntnisse wie der Zahl »Pi«, und anderen gewissen Zahlen und Faktoren, und noch für viele Dinge und Werke besonderer Art <<(GW49/1952).

Beispiele von Verbindungen zwischen Mensch und der Gotteswelt in alttestamentlicher Zeit.

- **1. Mose 12,1; 13,14; 15,4+7+18; 17,3; 22,11-12; 26,2; 28,13;**
- **2. Mose 2,25; 3,4-6; Ez. 36,2.**
- **Die göttlichen Kontakte zu Mose auf dem Sinai, mit der Übergabe der »Zehn Gebote Gottes«.**

1. Kor. 14,12 besagt: »So sollt auch ihr, da ihr euch eifrig um Geister bemüht, danach trachten, dass ihr zur Erbauung der Gemeinde reich werdet.«

>> Die Geistige Welt erklärt uns verständlich dazu:
Ja, sehet, liebe Freunde, die ersten Christen waren doch noch so verbunden mit der Geisterwelt Gottes.

Als sich aber die Kirche zu einer gewissen Macht herangebildet hatte und deren Führer in gewissem Sinne die Macht ergriffen hatten, wollten jene nicht mehr den Worten glauben, die aus dem Munde eines ganz einfachen Menschen kamen und noch weniger wollten sie diesen Worten gehorchen, weil sie ihnen nicht mehr angenehm waren. Denn, da doch vieles zu verurteilen war, was diese Mächtigen taten, wurden sie gemahnt und getadelt. Und das passte jenen Menschen nicht.

So hatten sie auf Grund der Apostellehren ihre Gemeinschaft gegründet und die Macht an sich gerissen. Daraus sind die Bischöfe hervorgegangen, die schon den ersten Christgemeinden vorstanden.
Der Bischof bedeutete zu jener Zeit ein geistiger Führer der Gemeinschaft, den man in der Not um Hilfe bitten konnte Er war der Leiter einer Gemeinschaft und war ursprünglich von Geistern Gottes inspiriert (als sie noch einfache Menschen waren), und konnten unter den Mitmenschen jene mit medialen Gaben erkennen und ihnen helfen, ihre medialen Gaben zu fördern.
In späteren Zeiten wurden dann diese medialen Kundgaben unterdrückt, und ein Mensch hat sich als Bischof ausrufen lassen, der keine medialen Fähigkeiten mehr besass. Deshalb die Unterdrückung und Umschreibung jener Bibelstellen, die vom Verkehr mit der Geisterwelt sprachen << (GW50/1952).

F) Leben nach dem Tod, Wiederverkörperung.

29.) Erklärung und Übergang

Im Anschluss an das Thema
»Menschheit zwischen Zwei Welten« (Kapitel A) bis E)
geht es auch darum »Was kommt Nachher«, wenn wir
diese irdische Welt, die »Erde« verlassen,
das heisst verstorben sind; wenn wir vom menschlichen
ins geistige Leben übertreten.

30.) Irdischer Abschied

Leider ist es erschreckend, wie viele Menschen die
Auffassung vertreten,
»**Nach dem Tode ist alles aus**«; sie glauben nicht an
ein Weiterleben nach dem Tode. Wenn Menschen gefragt
werden, ob sie an ein Weiterleben glauben kommt häufig
die Antwort »Nein«, denn es sei doch, nach allgemeiner
Auffassung, noch »Kein Verstorbener zurückgekehrt«.

Viele Menschen sagen heute, was brauchen wir uns um
das Leben nach dem Tode kümmern, wir können dies
doch abwarten bis wir gestorben sind.
Ein wesentlicher Teil der Menschen glaubt nicht
an das Leben nach dem Tode, an ein geistiges Weiterleben.

Gut wäre es, wenn sich die Menschen mehr mit dem Leben nach dem Tode beschäftigen würden, denn dann wäre sicherlich das irdische Leben besser gestaltbar und die Menschen würden nicht so in Stress geraten; denn heute pressen die Menschen in ihre gegenwärtige zeitliche Lebensphase alles hinein, und kommen dadurch in seelische Schwierigkeiten bzw. in psychische Krankheiten.
Für den gläubigen Menschen ist es tröstlich zu wissen, dass der Tod nur die Schwelle des Überganges in die Jenseitswelt ist. Das Wesen löst sich keinesfalls ins Nichts auf, sondern lebt als geistiges Wesen weiter. Daher sollten wir uns freuen, wenn wir uns dereinst dort wiederfinden.

31.) Jenseitswelt

Den Hinweis von Christus:
»Du wirst Leben, obwohl Du stirbst«
Joh. 11,25, verstanden die Menschen zu damaligen Zeit, als Christus auf Erden wirkte, nicht, und dies hat sich bis zur heutigen Zeit nicht geändert.

Christus fragte die damaligen Menschen:
»Glaubst Du an mich ?,
und je nach Antwort der Befragten sagt er:
»Du wirst Leben, obwohl Du stirbst« Joh. 9,35.
Damit deutete Christus auf das künftige, ewige Leben hin, d.h. wir kehren in unsere wahre Heimat zurück.

Heute verhindern oder verschieben wir den Tod künstlich, verlängern das Sterben, holen das Letzte aus unseren Körper heraus.
Die geistige Entwicklung bleibt dabei zurück.

Dass für uns einmal die Stunde schlägt, an der wir uns von dieser Erde verabschieden, wissen wir alle, und dass wir nichts mitnehmen können was der Welt gehört auch.
Der Mensch ahnt nichts davon was ihn nach seinem irdischen Tod erwartet und die meisten Menschen wollen auch davon nichts wissen.
Wenn er dann ins Jenseits kommt, bereut er es, dass er nichts über die Jenseitswelt wissen wollte. An die dort bestehenden Bedingungen müssen wir uns anpassen.
Viele verstorbene Seelen wissen nicht, dass sie verstorben sind und kommen dort nicht zur Ruhe.

Es wäre gut darüber nachzudenken was vor uns liegt, und es wäre wichtig über die »Jenseitswelt« sich Gedanken zu machen, denn unsere Seelen kommen aus einem reichen Vorleben.

Die Aufgabe, in der wir ein menschliches Leben lang zwischen »Gut und Böse« gestanden sind, hat für uns ein göttliches Ziel.
Wir standen dabei in einer Art
»Schuljahr«, indem wir lernen konnten zwischen
»Gut und Böse« stets richtig zu entscheiden.

Nun treten wir ein in die »Geistige Welt«, wieder zurück in unsere geistige Heimat, aus der wir vordem zu einem menschlichen Leben gekommen sind.

Unser Ableben bedeutet nicht,
wie vielerorts argumentiert,
einen »Ewigen Tod«!,
sondern vom
Sterben in unsere »Geistige, lebendige Heimat«.

32.) Ankunft in der »Geistigen Welt«, (»Jenseits«)

Glaubte ein Verstorbener nicht an Gott, oder war er der Ansicht **»nach dem Tode sei alles aus«**, erlebt dann die anderslautende grosse Überraschung, dass er weiterlebt. Die Geistige Welt nimmt sich Ihm auch nicht sogleich an. Er ist allein, muss zuerst seine Ansichten korrigieren, sich zu Gott zuwenden.

Gemäss dem Ziel des »Göttlichen Heilplanes« folgt für uns eine Fortsetzung der Lehrzeit in individuell angepasster Weise. Dazu muss unsere im menschlichen Dasein geführte ethische Haltung und entsprechend erreichten Charakterfestigkeit gemäss den göttlichen Gesetzen beurteilt werden,
als einer genauen Erfassung analog eines Inventars.
Es liegt alles seelisch gespeichert, lückenlos, und und nicht zu verfälschen, offen dar; für die beurteilende, höhere Geistige Welt gemäss göttlichem Auftrag uneingeschränkt einsehbar, dies zuhanden einer Art göttlichem Gericht.

Entsprechend dem in den vorherigen Kapiteln beschriebenen »göttlichem Heilsplan« wird nun jede menschliche Seele soweit geschult und laufend geprüft, bis sie, gefeit vor neuerlichem sündhaftem Verhalten, wieder zu einer lückenlosen, reinen göttlichen Haltung zurückgefunden hat.

Ist das vorgegebene Ziel der positiven hohen geistigen Entwicklung erreicht, muss diese Seele nicht mehr in ein menschliches Leben, nicht mehr in diese irdische Schule zwischen »Gut und Böse« gesandt, inkarniert werden.

33.) Ernte des vergangenen menschlichen Lebens

Lobenswerte, ethisch wertvolle Charaktersteigerungen oder Tätigkeiten, bringen deren höhere geistige Entwicklung.
Den im geistigen Aufstieg befindlichen werden von höheren geistigen Wesen im göttlichen Auftrag Entwicklung fördernde Aufgaben übertragen.
Für die Möglichkeit einer weiteren ethischen Entwicklung werden sie zu gegebener Zeit, von der göttlichen Welt, wieder in ein menschliches Dasein gesandt.

Sind noch Mängel, sündhafte Neigungen und schlechter Wille vorhanden, muss eine solche Seele in eine zum Teil von Leid begleitete Läuterung gehen.

Sehr stark verschuldete Menschen werden, für eine notwendige Sühne, in oft sehr, sehr lange, schwere Verbannungen verschiedenster Art geführt.
Sie werden später wieder in ein menschliches Dasein kommen müssen; wieder zwischen »Gut und Böse« dieser irdischen Ebene stehen, und stets sich richtig zu entscheiden lernen.

In all diesen Fällen sucht aber die höhere geistige Welt, entsprechend der bisher erreichten geistigen Entwicklung, für das neu zur menschlichen Geburt Vorgesehene, eine, geeignet, angepasste, irdische Umgebung, Familie und Gesellschaftskreis aus.

Jedes Leben auf dieser Erde ist eine Prüfung. Wer diese nicht besteht, muss im nächsten Leben auf dieser Erde, unter gleichen oder ähnlichen Bedingungen, die Prüfungen wiederholen, und dies so oft,
bis er die Prüfungen bestanden hat.

Erreichen wir die Vollkommenheit, wird ein Erdenleben überflüssig, und wir können in unserer urzeitlichen Heimat verbleiben.

Wir leben eine unbestimmte Zeit zwischen dem Tod und eines neuen irdischen Lebens in der »Geistigen Jenseitswelt«.
Dort werden wir geprüft, über die »Schöpfungsgeschichte und Gottesgesetze« informiert, und über unseren weiteren geistigen Aufstieg geschult; sowie für ein neues Erdenleben vorbereitet.

Es ist zu wünschen, dass eine Zeit kommt in der das Thema Wiedergeburt vom Christentum wieder angenommen wird, denn die frühe Christenheit war sich dieses der Wahrheit gemässen Gedankengutes bewusst.

34.) Weitere Entwicklung der Menschheit zwischen »Zwei Welten«

Wiedergeburt

Vor einigen Jahrzehnten war das Thema Reinkarnation, Wiedergeburt und Karma bei vielen Menschen wenig geläufig oder wurde als Sonderheit eingestuft.
Dieses Thema hat in unseren großen weltlich-kirchlichen Kulturkreisen bisher keinen Zugang gefunden.
Das obwohl zahlreiche Stellen aus dem Alten und Neuen Testament eindeutig von einer Reinkarnation sprechen und in einer anderen Offenbarung, zum Beispiel in den medialen Botschaften von verschiedenen Geistlehrern aus der »Geistigen Welt« bei pro Beatrice in Zürich.

Diese Botschaften grenzen sich klar von den Lehren und und Auffassungen der traditionellen Kirchen ab.

Bis heute aber halten die Kirchen an der mittelalterlichen Tradition eines Denkmodells fest, in dem das Paradies und das Jüngstes Gericht, als Anfang und Ende der Menschheitsgeschichte, unvermittelt gegenübersteht.

Da einerseits stets wieder Menschen, welche eine erwünschte hohe geistige Entwicklung erreicht haben, nicht mehr in ein neues Menschenleben gesandt werden müssen, gibt es neue, ein erstes Mal inkarnierte.

Dies sind Wesen, die noch eine sehr niedrige geistige Entwicklung, z.T. auch noch stark Gesetzes widrige Eigenschaften aufweisen. Hauptsächlich über solche Menschen sind, vom Bösen inspiriert, katastrophale Geschehnisse, wie Betrug, Diebstahl, Gewalt,
Kriege in grösserem Masse, und zahlreiche Verletzungen grundlegender Menschenrechte, möglich.

Damit solches auf unserer Erde nicht ungebremst überborden kann, schafft die »Geistige Welt« einen Ausgleich mit guten Einflüssen und Kräften,
über die Inkarnation von gläubigen, wahrheitssuchenden Wesen (Menschen) mit bereits sehr wertvollen geistigen Entwicklungen.

So geht der Weg zurück zu Gott für alle Menschen,
mehrmals über die irdische Ebene Erde,
gemäss dem Heilsplan Gottes, geführt und begleitet durch Christus.

Diese Entwicklung geht stets vorwärts, bis der »Letzte Gottes-Untreue« (Luzifer) auch diesen Weg zurück zu Gott angetreten hat,
die irdische Lebenssituation »Zwischen Gut und Böse« ein Ende gefunden,
und sich der göttliche Erlösungsplan erfüllt haben wird.

G) Nachwort

Diese ganze Zusammenstellung diverser Beispiele von Lebens- und Bereichsbeispielen unserer heutigen Gesellschaft zeigt uns eindrücklich, wie sehr unser Lebensverhalten von ehrlich, gutem Handlungswillen einerseits , aber auch von moralisch negativen Impulsen andererseits; das heisst, sowohl von ethischen-positivem Verhalten (göttlicher Führung), als auch von nur materialistischem Interesse (Versucher-Einfluss) abhängt.

Auch wird uns dabei bewusst, dass unsere Welt in allen unseren Bereichen überwiegend schlechten Einflüssen aus der Unterwelt unterliegt.

Unsere irdische Welt gehört ihr!
»Geld regiert die Welt!

Die Menschenseele ist das eigentliche Schlachtfeld im Kampf zwischen guten und bösen Mächten!

Es liegt in Gottes unendlicher Weisheit, dass das gemäss der Gesetzgebung anlässlich des stattgefundenen letzten Gerichtes so sein darf.

Denn so liegt eine unserer Aufgaben, in einer Art Schule, in einem Lernprozess, in dem wir uns stets zwischen »Gut und Böse« entscheiden müssen.

Wir Menschen sind aufgerufen im Entscheidungsfalle uns nur für das »Gute« durchzuringen, auch wenn uns dies grössere materielle, oder gesellschaftliche Nachteile bringen mag.

Niemand kann uns zwingen das Falsche zu tun.

Unser »freier Wille« bleibt stets geschützt.

Wohl kann es sein, dass man, aus welchen Gründen es sein mag, unter Druck gerät, oder gedrängt wird, sich für das vermeintlich Angenehmere zu entschliessen.

Darin liegt die irdische Lebensschule,
zu lernen, die Entscheidungskraft
zum Guten zu üben und zu festigen.

Dies ist meist nicht so leicht!
Wir müssen dies wirklich mit viel Mühe lernen.

Das setzt dann wohl voraus, dass man zwischen positiven und negativen Einflussen, und deren ständige Wechselwirkung, zu unterscheiden weiss.

Wechselwirkung, weil auf gute Taten stets das
Böse einzuwirken versucht, und andererseits aber
gute Mächte auf böse Taten, auch
positiv einzugreifen und zu entgegnen vermögen.
Die Völker in den verschiedenen Ländern haben
alle ihre eigene Denkweise und Handlungsart,
in denen sie in der irdischen Schule stehen.
Die vielen aufgeführten Beispiele zeigen,
dass für uns, das heisst, in den meisten
zentraleuropäischen Ländern, unter anderem,
die göttliche Forderung steht,
im Umgang mit unseren Mitmenschen immer nur
mit der absoluten Wahrheit umzugehen.
In all unserem Reden und Handeln soll nicht das
Kleinste falsch sein, sondern nur absolute
Ehrlichkeit und auch Offenheit betreffend
unangenehmen Aspekten.

Dies ist etwas, was wir, gemäss dem Buchtitel
»Zwischen den zwei Welten« lernen müssen!

Damit, lieber Leser, hoffe ich Ihnen zum
Verständnis unseres göttlichen Lebenssinnes,
einen zum »Gutem« helfenden Beitrag zu leisten. Und
ich wünsche Ihnen eine
segensreiche weitere Zeit ihres Lebens,

Ihr Alfred Heim.

H) Anhang

Informationsquellen zu den Angaben in den Texten

- 1) Zeitschrift »Geistige Welt« (GW ...)

  Göttlich-geistige Botschaften und Wahrheiten an die Menschen, gemäss dem Versprechen Christi:
  »Er werde den Geist der Wahrheit senden«;
  schriftlich festgehalten in »Geistige Welt«.
  Siehe auch unter :
  www.probeatrice.ch

- Kulturmagazin »MUSEION 2000« (M ...)

  Siehe auch unter : www.museion.ch

- Bücher des ABZ-Verlages, Zürich :

  - Buch Origenes (O ...)
  - Buch Paulus (P...)
  - Buch Salomon (S ...)

  Siehe auch unter : www.abz-verlag.ch

- Zürcher Bibel (B ...)

  Die angeführten Bibelstellen stammen aus der »Zürcher Bibel«, Verlag Zürich 1978; zurückgehend auf die Reformation Zwingli.

- Fernsehzeitung »tv14« »F«,

  Zeitanteil innerhalb der konsumierten Sendezeiten zwischen 14:00 bis 23:00 Uhr.

- Schweizer-Zeitschrift »KTipp«

- Schweizer Zeitschrift »20minuten«

- 2)Buch :

  »Willst Du die Wahrheit,
  und nichts als die Wahrheit wissen«.
  (Bod-Verlag / Books on Demand
  GmbH, Norderstett)
  ISBN 978-3-8334-8318-9.
